교과서에 나오지 않는

위험하고 위대한 여자들

[정수임 지음]

교과서에 나오지 않는

위협하고 위대한 여자들

우리학교

아이 캔 스피크(I CAN SPEAK)!

꼭 하고 싶은 말이 있고 꼭 듣고 싶은 말이 있다는 할머니를 소재로 만든 영화가 있다. 〈아이 캔 스피크〉. 작품 속 주인공 이름은 '옥분', 별명은 도깨비 할머니, 구청 직원들의 입장에서는 귀신보다 무섭다는 민원왕이다. 방범등 교체에서부터 20년간 그녀가 넣은 민원의 개수만 해도 8천 건이 넘는다. 이 수상한 할머니는 도대체 무슨 할 말이 그렇게 많은가 하는 생각이 들 무렵 우리는 그녀가 일본군 '위안부'였다는 사실을 알게 된다.

2007년 미국 하원은 일본이 일본군 '위안부' 문제에 대해 공식 인정하고 사과할 것을 내용으로 하는 결의안을 만장일치로 통과시켰다. 일본의 로비로 번번이 본회의에 상정하지도 못했던 이 결의안이 통과된 데에는 고(故) 김군자 할머니와 이용수 할머니의 증언이 큰 영향을 끼쳤다. 할머니들이 다시 떠올리고도 싶지 않을, 하지만 잊히지 않는 고통스러웠던 삶을 사람들 앞에 털어

놓는 순간 누구도 진실을 부인할 수 없게 되었기 때문이다. 영화 〈아이 캔 스피크〉의 옥분이 일본군이 배에 남긴 상처를 사람들에게 드러내고 일본군을 고발했을 때처럼 말이다.

하지만 만약, 그녀들이 침묵했다면 어떠했을까? 너무 부끄럽고 아파서, 말하고 싶지 않아서 그냥 입을 다물어 버렸다면 아마 세상은 영영 그녀들의 슬픔을 알지 못했을지도 모른다. 하지만 세상이 처음부터 모든 사람들의 말에 귀를 기울였던 것은 아니다. 1991년, 처음으로 고(故) 김학순 할머니가 위안부 증언을 위한 기자 회견을 했다. 용기 있는 고백이자 고발이었지만 세상은 바뀌지 않았다. 지금도 여전히 일본은 공식 인정과 사과를 하지 않고 있다. 그래서 말하는 것만큼이나 용기도 필요하다. 어쩌면 아주 길고 긴 시간이 필요할지도 모르고 사람들의 외면과 질시를 받아야 할지도 모르기 때문이다.

이 책에서 만나게 될 열여섯의 여성들도 모두 용기 있는 여성들이다. '능력은 있지만 여자라서' 혹은 '여자가 어떻게'라는 편견에 맞서 자신들의 목소리를 냈기 때문이다. 세상은 "우리도 할 수 있어, 왜 여자는 안 된다는 거지?"라고 그녀들이 말하자 두려움을 느꼈다. 왜냐하면 더 이상 여성들이 가만히 있지 않고 움직이기 시작했기 때문이다. 이제 여자도 학교에 다녀야 한다고, 여자도 스포츠를 즐길 수 있어야 한다고, 여자도 정치에 참여해야 한다고, 여자도 자신만의 방과 수입을 가져야 한다고 말하는 여성들은 위험한 여자가 되었다. 동시에 그녀들이 바로 오늘을 있게 한 위대한 여성들이다.

'아니, 뭐 이런 대단한 것도 아닌 당연한 것을!' 하는 생각조차도 우리보다 먼저 살았던 그녀들의 목소리 덕분이라는 사실을 알았으면 좋겠다. 믿을 수 없겠지만 오늘날에도 이 당연한 일들을 위해 여전히 목소리를 내는 이들이 있다. 그러니 지금 나의 삶에서 낼 수 있는 위험하고 위대한 목소리를 찾아 소리 내 보자. 그 목소리들이 지금 그리고 내일을 사는 여성들의 삶을 바꿀 테니 말이다.

2018년 봄,

정수임

차례

|3부|

Feel! 느껴라, 보이는 대로 들리는 대로

|4부|

SpEak! 말하라, 마땅한 권리를

1부

Love!
사랑하라, 살아 있는 모든 것을

Story 1

당신이 이 지구를 사랑한다면

— 헬렌 캘디콧

핵전쟁으로 지구 북반구에 사는 사람들은 모두 죽고, 방사성 오염 물질은 남반구로 향한다. 방사능 물질이 지구 아래쪽으로 번지는 속도에 맞추어 인류는 서서히 최후를 맞으며 사라져 간다. 남반구의 대도시 중 가장 남쪽에 위치한 호주 멜버른. 낙진이 천천히 확산되는 탓에 종말이 아직 몇 달 남아 있다.

"시드니도 당했대. 9월은 보낼 수 있을까?"

하루하루 죽음의 공포가 무겁게 덮쳐 오지만 어떤 희망도 구원도 없다. 담담히 일상을 이어 나가며 언제가 될지 알 수 없는 파국을 기다릴 뿐. 돈은 더 이상 의미가 없고 필요한 게 있으면 가게에서 가져오면 그만이다. 들어간 곳에 물건이 없다면 다른 가게에서 가져오면 된다. 정부에서는 자살 약을 나누어 주고, 무심한 햇살이 비치는 어느 오후 방사능에 오염된 부모는 혼자 남아 고통 속에 죽어 갈 딸을 염려해 아이에게 약을 주사한다.

세상이 이대로 망하게 둘 수는 없어요

앞의 이야기는 1957년, 호주의 소설가 네빌 슈트가 「텅 빈 사람들」이란 시에서 영감을 받아 쓴 소설 『해변에서』의 한 장면이다.

> 이 마지막 만남의 자리에서
> 우리는 서로를 더듬어 찾고
> 그러면서도 애써 말을 피한다.
> 부어오른 이 강가에 모여서
> 세상은 이렇게 끝나는구나.
> 세상은 이렇게 끝나는구나.
> 쾅 소리가 아닌 훌쩍임과 함께.
>
> –T. S. 엘리엇, 「텅 빈 사람들」 중에서

네빌 슈트는 이 시에서 핵전쟁으로 종말을 맞는 지구와 자신의 나라 호주를 떠올렸다. 호주는 핵무기도 원자력 발전소도 없는 청정한 나라지만, 북반구에서 핵전쟁이 터진다면 방사능의 공격을 피할 방법이 없는 나라이기도 하다. 바람을 타고, 물결을

타고 서서히 다가오는 죽음의 공포로 몸과 마음을 갉아먹으며 하루하루를 견디거나 스스로 목숨을 끊는 방법밖에 선택할 수 없는 위치이다.

소설에만 존재할 줄 알았던 공포가 1971년 헬렌 캘디콧(1938~)을 비롯한 호주 사람들에게 현실로 다가왔다. 프랑스는 1966년부터 남태평양의 무루로아섬에서 핵무기 실험을 했고, 타오르는 노을보다도 더 선명한 섬광이 번쩍인 뒤 방사성 낙진이 바람을 타고 호주로 향했기 때문이다. 이 방사성 오염 물질은 미국에서 호주로 돌아온 애들레이드 아동 병원 의사이자 세 아이의 엄마인 헬렌이 살던 애들레이드까지 날아들었다.

'방사성 물질은 암과 백혈병뿐 아니라 유전 질환을 일으킬 수 있다. 아이는 어른보다 10배에서 20배 더 위험하다.'

방사능의 위험을 누구보다 잘 알고 있던 헬렌은 세상이 이대로 망하게 둘 수는 없었고 의사로서, 엄마로서 무엇인가를 해야겠다고 생각했다. 헬렌은 방사성 물질의 위험성을 의학적으로 지적하는 편지를 지역 신문에 보냈고, 호주 전국에 방영되는 프로그램에도 여러 차례 출연했다. 핵실험에서 발생한 방사능 낙진이 곳곳에 내려앉아 식품과 인체를 오염시키고, 해양 자원과 주변 환경에 돌이킬 수 없는 피해를 준다는 사실을 사람들에게 알렸다.

프랑스의 발표만 믿고 핵실험이 '안전한' 실험인 줄 알았던 호주 사람들은 진실을 알고 분노했다. 프랑스 향수 불매 운동을 벌이고 프랑스로 오가는 우편물 배달을 멈추고 프랑스 화물선에 물건 싣기를 거부하는 등 뜨거운 반핵 시위를 펼쳤다. 이 시위로 호주에서는 23년간 이어졌던 보수당 통치가 끝나고 새 정부가 출범했다. 프랑스의 실험을 눈감아 줄 보수당이 물러나고 국제적 압박이 거세지자, 프랑스는 대기 중 핵실험을 그만두었다. 헬렌이 보낸 한 통의 편지가 계기가 되어 남태평양에는 더 이상 방사성 낙진이 날리지 않게 되었다. 하지만 프랑스의 핵실험이 완전히 중단된 것은 아니었다. 프랑스는 타히티 남동부 무루로아 섬 등지에서 1996년까지 지하·해저 핵실험을 계속했다.

1945년 8월, 전쟁은 끝이 났지만

"애~~~ 앵~~~~"

"이 소리가 무슨 뜻인지 아니?"

일곱 살 생일을 막 지난 헬렌이 초등학교 교실에 있을 때의 일이다. 선생님은 기쁜 표정으로 질문을 던졌지만, 아이들은 모르겠다는 얼굴이다. 아이들 사이에서 헬렌이 손을 들고 말한다.

"전쟁이 끝났다는 뜻이에요."

"헬렌의 말이 맞아요. 세계 전쟁이 끝났어요!"

전쟁, 즉 제2차 세계 대전은 일본의 히로시마와 나가사키에 원자폭탄이 투하됨으로써 끝이 났다. 순식간에 잿더미가 된 도시, 열선에 녹아내린 얼굴, 온몸을 뒤덮은 끔찍한 화상, 몸속 깊이 남아 수십 년이 지나도 사라지지 않는 고통. 방사능에 오염된 그곳은 인류가 이전에 본 적 없는 강력한 무기의 시험대였으며 수만의 사람들을 한순간에 사라지게 만든 살인의 현장이었다. 더불어 헬렌 캘디콧이 전 생애에 걸쳐 반대할 세상이기도 했다. 물론 그 초등학교 교실에서는 알지 못했지만!

사회적 책임을 다하는 의사들의 모임

어렸을 때 헬렌은 선생님이 되려다가 더 많은 사람을 도울 수 있는 의사가 되기로 결심했고, 그 꿈을 이루었다. 하지만 핵의 위험성을 알게 된 뒤 헬렌은 아이들을 치료하는 일에 만족할 수 없게 된다. 어쩌면 1979년 원폭 투하 기념 행사의 연사로 초청받은 일이 그녀의 운명을 다른 방향으로 이끈 시작이었을지도 모른다. 헬렌은 히로시마와 나가사키를 방문하여 그곳의 고통을 온몸으로 느꼈고 소련을 방문해 그곳 의사들과 핵 문제를 논의하기도 했다. 헬렌은 남편이자 의사였던 빌에게 자신의 결심을 이야기한다.

"빌, 병원에서 아이들을 치료하는 일은 정말 중요한 일이야. 하지만 나에겐 이보다 더 중요한 일이 있는 것 같아."

"무슨 일?"

"나는 아이들에게 핵이 없는 세상을 물려주고 싶어. 지난번 일본과 소련에 갔을 때 많은 아이들이 핵의 위험에 노출되어 있는 걸 봤어. 핵무기 사용은 모두를 죽이는 일이야. 히로시마와 나가사키에서 봤잖아! 더 이상 이런 비극이 일어나도록 두면 안 돼."

"우리 같은 의사가 무엇을 할 수 있겠어?"

"그래도 가만히 있을 수는 없어. 나 혼자 힘으로는 아무것도 할 수 없으니, 먼저 핵의 위험을 알리는 의사들의 모임을 만들어야겠어. 엄마로서, 의사로서 사회적 책임을 다하고 싶어."

1979년 헬렌은 다니던 병원을 그만두었다. 그리고 '아이라 헬펀드'라는 의사와 함께 핵무기의 위험성을 알리고 핵 확산 반대와 폐기를 외치는 '사회적 책임을 다하는 의사들의 모임'을 만들었다. 이 모임은 얼마 지나지 않아 전국적으로 알려져 사람들의 주목을 받기 시작한다.

"여기 센트럴파크에 핵폭탄이 하나 떨어진다고 생각해 볼까요? 핵폭탄은 음속의 20배로 나는 미사일로 탄도를 따라 날아들어 옵니다. 만일 오늘처럼 화창한 날 지상에서 폭발한다면, 순식간에 태양의 열기와 맞먹는 섭씨 수백만 도의 열을 발사하게 됩니다. 지름 400m, 깊이 250m의 구덩이를 파고 들어가면서 사람, 건물, 흙과 돌은 모두 방사성 낙진이 되어 버섯 모양 구름 속 공중으로 솟아오르고 맙니다. 사람의 몸은 대부분이 물로 이루어져 있어, 수천만 도의 열에 노출되면 그대로 가스로 변해 버립니다."

1982년 뉴욕 센트럴파크에서 평화 시위에 참여한 100만 명 인파를 향한 헬렌의 연설은 사람들의 마음을 뒤흔들었다.

"1945년 8월 6일, 히로시마에 원자폭탄이 떨어졌을 때, 한 소년이 고추잠자리를 잡으려고 손을 내밀고 있었습니다. 번쩍, 섬광이 한번 일자, 그 아이는 사라져 버렸습니다. 섬광을 본 사람은 그 강렬한 열에 눈이 녹아 버렸고 또 다른 사람은 숯이 되어 버렸습니다."

그녀는 인류가 한 번도 경험한 적이 없기에 얼마나 위험할지 알 수 없는 핵전쟁의 위력을 알리고 또 알렸다. 세상엔 옳고 그름보다 자신들의 이익을 더 중요시하는 집단들이 있기 마련이다. 또 위험하고 은밀할수록 이익의 크기는 커진다. 핵은 바로 그런 것이었다. 그런 까닭에 핵의 위험을 적극적으로 알리는 헬렌은 신변의 위협을 당하기도 했다. 그럴수록 헬렌은 목소리를 높였다.

더 많이, 더 강한 핵을 보유함으로써 전쟁을 막을 수 있다는 핵 보유 강대국들의 주장. 이에 맞서는 헬렌의 목소리는 수많은 사람들을 반핵 시위로 이끌었다. 그녀 덕분에 많은 사람들이 핵무기의 개발, 실험, 제작에 필연적으로 따르는 위험을 날날이 알게 되었다.

세계적인 반핵 운동가가 되다

"우리의 임무는 끝났어요! 우리가 승리했어요!"

"냉전의 상징인 베를린 장벽이 무너졌고 소련이 해체되었으니 새로운 세상이 열릴 거예요."

"이제 지구에 전쟁은 사라지고 핵무기도 없어지겠죠."

1990년대, 동독과 서독을 나누고 있던 독일의 장벽이 무너지고, 소련이 해체되면서 사회주의권이 몰락하자, 반핵 시위를 이끌었던 사람들은 자신들의 임무가 끝났다고 생각했다. 이제는 핵무기가 필요 없을 테니 핵 확산 저지에 성공했다고 생각한 것이다. 하지만 이 생각은 틀렸다. 냉전이 끝났지만 세계는 핵무장을 멈추지 않았고 오히려 핵무기 숫자는 늘어만 갔다.

헬렌은 '핵 폐기를 위한 여성 행동(Women's Action for Nuclear Disarmament)'을 창립하여 평화주의자 여성이 더 많이 정치에 참여할 수 있도록 하며, 핵에너지에 지원되는 정부 예산을 사회적으로 더욱 필요한 곳에 쓰자는 운동을 펼쳤다.

핵 확산 저지를 위해 헌신한 헬렌은 2003년 레넌 재단이 수여하는 문화자유상을 수상한다. 헬렌은 그 수익금으로 핵정책 연구소를 설립해 핵무기뿐 아니라 핵에너지, 원자력 발전의 위험성에 대해 알리는 일에 매달렸다.

"핵무장은 부드러운 장갑 속에 감추어진 강철로 만든 손이라는 사실을 우리 모두 알아야 합니다. 강철 손이야말로 지구 전역에서 미국의 다국적 기업들이 하고 싶은 모든 것을 무난히 해낼 수 있게 해 줍니다."

헬렌의 이 말은 강철 손을 앞세워 하고 싶은 일을 한 미국의 다국적 기업들이 지불하는 대가와도 관련 있다. 그들이 미국이라는 나라를 앞세워 세계 곳곳에서 하고 싶은 일을 하게 되면 기업의 이익은 세계 곳곳에 머무르는 게 아니라 다시 미국으로 돌아가게 된다. 즉 기업의 이익이 곧 미국의 이익인 셈이다. 이 자본으로 미국은 다시 핵무장을 할 수 있게 되고, 연구를 통해 축적된 기술은 핵융합 기술, 핵에너지 등의 이름으로 저렴하고 친환경적인 에너지로 둔갑해 해외로 보내지게 된다.

이처럼 헬렌은 다국적 기업들이 지구의 평화와 안전에 아무 관심이 없고 강철 손을 이용해 돈과 권력을 주무르며 하고 싶은 대로 한다는 사실을 지적한다. 그리고 무심하고 무감각한 대중들을 깨웠다. '괜찮대. 안전하겠지. 설마 무슨 일이 일어나겠어?'와 같은 안일한 생각은 하지 말라고.

40여 년간 핵 없는 세상을 만들기 위해 쉼 없이 노력한 헬렌은 '평화 영웅'의 칭호를 받고 20세기 가장 영향력 있는 여성으로 선정되었다. 노벨 평화상 후보로도 추천되는 등 세계적으로 유명한 반핵 운동가가 되었지만 그녀의 발걸음은 멈추지 않았다.

당신이 지구를 사랑한다면

2011년 3월 11일, 일본 동북부를 강타한 지진과 쓰나미로 후쿠시마 원자력 발전소가 폭발했다. 방사성 물질을 포함한 기체가 대량으로 누출되었으며 오염물은 바다로도 흘러들었다. 하지만 공기 중에도 바닷물에도 이를 걸러 낼 수 있는 장치는 없다. 보이지도, 잡히지도 않는 물질은 지금도 바람을 타고 우리나라로 오고 있다. 사고의 악몽이 지금도 계속되고 있지만 그 이야기는 더 이상 하지 않는다. 우리나라에 가동되고 있는 수십 개의 원자력 발전소, 혹시라도 있을지 모를 '사고'와 '사고 이후'에 대한 이야기를 하지 않는 것처럼 말이다. 진실을 알게 될 대중들을 두려워하는 탓이며 탈원전 이후 감수해야 할 불편한 삶을 감당할 자신이 없기 때문이다.

어떤 사람들은 핵무기가 세계를 평화롭게 하는 데 기여한다고도 한다. 핵의 위험이 견제를 하게 만들기 때문이란다. 2017년 스톡홀름 국제평화문제연구소(SIPRI)의 발표에 따르면 전 세계에는 알려져 있는 핵무기만 1만 4935개, 지구를 우주에서 사라지게 만들 수 있는 양이 지구에 있다. 러시아가 7천 개로 가장 많고 미국, 프랑스, 중국, 영국, 파키스탄, 인도, 이스라엘이 핵을 보유하고 있으며 북한도 우리와 세계를 향해 핵미사일을 겨누며 위협하고 있다.

이제 우리나라도 방어를 위해 핵무기를 가져야 한다고 주장하는 사람들이 많다. 그러나 헬렌은 오늘도 우리에게 말한다. 어떤 불편함도 아이들의 미래와 바꿀 수는 없다고. 결코 핵무기로 핵무기를 막을 수는 없다고. 당신이 지구를 사랑한다면, 핵을 거부해야 한다고. 그것만이 우리가 가진 유일한 해결책임을 깨달아야 한다고.

반핵 운동의 상징으로 사용되는 '스마일링 선' 로고

> 사랑하고, 배우고, 살아가고, 그리고 저항하십시오.
> Love, learn, live, and legislate.
> 만약 당신이 이 지구를 사랑한다면, 유일한 치료는 사랑입니다.
> If you love this planet, the only cure is love.
>
> –헬렌 캘디콧, *If You Love This Planet: A Plan to Save the Earth* 중에서

생각을 더해 주는 잇템!

노잉

50년 후 지구의 모습은 어떨까? 하늘을 나는 자동차, 생각하는 대로 움직이는 가전제품들, 우주로의 수학여행 등이 가능할까?

영화 〈노잉〉은 1959년 미국의 한 초등학교에서 아이들이 상상하는 미래의 모습을 그려 타임캡슐에 넣는 장면으로 시작된다. 50년 후 캘럽은 열린 타임캡슐에서 의미를 알 수 없는 숫자가 빼곡하게 적힌 종이를 발견하고, MIT 교수인 아버지 테드에게 보여 준다. 숫자를 해독하던 테드는 이것이 지난 50년간 일어난 사고와 관련 있음을 알게 된다. 사고 날짜, 사망자, 사고가 일어난 위치 좌표의 순으로 나열된 숫자들을 보며, 아직 일어나지 않은 사고를 막아 보려고 애쓴다. 지하철 참사, 비행기 추락, 마지막으로 핵까지.

하지만 테드의 수고는 아무런 소득이 없다. 사고를 미리 안다고 해서 막을 수는 없었으니까. 알기만 하는 것으로 세상은 변하지 않는다. 헬렌 캘디콧이 셀 수 없을 만큼의 많은 강연을 한 이유가 단지 핵의 위험성을 알리기 위함만은 아니다. 그녀가 정말 하고 싶은 말은, '알면 불편함을 감수해야 하며, 알면 행동해야

〈노잉〉, 알렉스 프로야스 감독, 2009

한다.'는 것 아닐까? 물론 모든 사람들이 헬렌처럼 할 수는 없다. 하지만 자신의 삶을 조금씩 바꿀 수는 있지 않을까? 핵 보유를 외치는 정당을 찍지 않고, 전기를 아껴 쓰고 자동차보다는 대중교통을 이용하며!

〈노잉〉은 인류의 멸망을 이야기하지만 동시에 아직 시간이 남아 있음을 알려 주는 영화다. 지금처럼 살지 않으면 모두가 살아남을 수 있다는 희망을 품고 있으니 말이다. 이제 어떤 삶을 선택할 것인지는 우리의 자유다.

Story 2

사랑받는 여자가 아니라 사랑하는 사람을 꿈꾸다

— 시몬 드 보부아르

"시몬, 나와 결혼해 주지 않겠소?"

"당신을 사랑하지만 결혼은 싫어요."

프랑스를 대표하는 작가이자, 사상가로 알려진 장 폴 사르트르는 이미 여러 번 시몬 드 보부아르(1908~1986)에게 청혼을 했으나 번번이 거절당했다. 시몬은 어머니의 결혼 생활을 통해 익히 보아 왔던 여성의 책임과 의무, 자유에 대한 제한들을 이유로 결혼을 거부했다. 이런 시몬에게 사르트르는 파격적인 제안을 한다.

"시몬, 그럼 나와 2년간 계약합시다."

그 계약은 어떻게 되었을까?

사랑하지만 결혼은 하지 않겠다는 여자와 사랑하기 때문에 결혼도 하고 싶지만 여자의 의견도 존중하고 싶은 남자가 있다. 남자는 어떻게 해야 할까? 이 어려운 문제를 받아든 남자는 여자에게 결혼 대신 계약을 제안한다. 사람들은 뭐라고 할까? 놀랍다, 부럽다, 그러면서도 그게 사랑이냐고, 그 사랑이 얼마나 가나 보자 하며 벼를지도 모른다.

1931년, 결혼을 거절하는 보부아르에게 한 사르트르의 제안은 80년이 훌쩍 지난 지금도 여전히 충격적이다. 하지만 더 놀라운 사실은 이 세기의 계약이 이루어졌고 2년 후 갱신하여 두 사람이 죽을 때까지 유지되었다는 점이다. 계약의 조건으로는 각자의 독립된 공간에서 살아갈 것, 경제적으로 독립할 것, 상대에게 거짓말을 하지 않고 서로의 삶을 존중할 것 등이 포함되어 있었다. 솔깃한 제안이라고 생각할 수 있지만 지키기 정말 쉽지 않은 조항들이다.

시몬에게 계약 결혼은, 단지 청춘의 남녀가 결합하여 한 가정을 꾸리는 것 이상이었고, '여자라면 당연히' 해야 하는 것들에 반기를 드는 일이기도 했다. 결혼으로 제한되는 자유와 새롭게 생기는 의무 등을 거부하는 대신에 새로운 가족의 형태를 꿈꾸었다고도 볼 수 있다.

시몬은 대학을 가고, 직업을 가졌다. 지금은 당연하지만 시몬이 살았던 시대에는 전혀 당연하지 않았던 일들로 시몬은 부모의 반대와 사회의 편견, 질타에 늘 맞서야 했다. 하지만 그녀는 신경 쓰지 않았다. 왜냐하면 그녀는 자기의 삶을 살고 있었기 때문이다.

여자답게를 강요하는 교실

"여자답게 뛰어 봐!"

한 생리대 회사가 '#여자답게'를 키워드로 만든 광고 중에는 감독이 모델들에게 '여자답게' 뛰고 던지고 싸워 볼 것을 요구하는 장면이 있다. 대부분의 모델들은 감독의 요구에 머리를 부여잡거나 팔을 앞뒤로 살짝 흔들고 다리를 V자로 꺾으며 달리는 모습을 보였다. 그런데 어린아이들은 힘껏, 힘차게 뛰었다.

과연 달리기에 '여자답다'는 게 있을까? 모델들은 왜 그런 모습을 보였을까? 시몬이 살아가던 시대에는 지금보다 훨씬 더 '여자다운' 것이 강요되었다. 심지어 학교의 교실 뒤편에 앉은 한 무리의 엄마들은 누구의 딸이 더 여성스러운지, 누가 좋은 신붓감이 되어 돈 많은 남자와 결혼할 수 있을지에 관해 대화를 나눌 만큼 말이다.

시몬은 프랑스의 데자르 학교를 나왔다. 이 학교는 학생들에게 여자답게 말하고 행동하는 법을 가르쳤다.

"어머, 시몬은 이번에도 1등을 했다면서요? 여자애가 너무 똑똑한 거 아니에요?"

시몬은 부모의 반대와 사회의 편견, 질타에 늘 맞서야 했다.
하지만 그녀는 신경 쓰지 않았다.
왜냐하면 그녀는 자기의 삶을 살고 있었기 때문이다.

"지난번 전쟁 모금 활동도 시몬이 직접 나서서 한 거라면서요? 부끄럽지도 않은가 봐요."

시몬은 모든 과목에서 1등을 했고, 리더십도 있었지만 당시 엄마들에게 시몬의 이런 모습은 장점이 아닌 걱정스러운 면일 뿐이었다. 가정 살림에 보탬이 되는 과목에는 소질을 보이지 않을 뿐 아니라 자신의 생각을 거침없이 말하고 궁금한 것을 물어보는 시몬의 모습은 누가 봐도 좋은 신붓감은 아니었기 때문이다.

성적을 제외한 시몬의 말과 행동이 좋은 아내나 어머니가 되기에는 턱없이 부족해 보인다는 이유로 학교조차도 시몬에게 매년 1등에게 주어졌던 금메달 대신 은메달을 수여했다. 단지, 학교의 명예에 어울리지 않는다는 이유로 말이다.

당신은 프랑스의 남성들을 웃음거리로 만들었소!

"아니, 당신은 프랑스의 남성들을 웃음거리로 만들 생각이오?"

평소 시몬과 친분이 있던 소설가 알베르 카뮈마저도 시몬의 저서 『제2의 성』에 대해 이런 반응을 보였다.

시몬은 카뮈처럼 묻는 이들에게 되물었다.

"도대체 뭐가 문제지요?"

그리고 "여성들이 남성들 때문에 뭐가 잘못되었다는 거요?"라고 묻는 이들에게는 이렇게 설명했다.

"이 세상의 기준을 남성들이 만들어 놓은 거죠. 그리고 여자들에게 그것을 따르게 한 거죠. 저는 그것을 밝힌 것뿐이에요! 여성은 여성으로 태어나는 게 아니라 여성으로 만들어지는 거라고요. 여성도 남성과 동등한 인간이라는 게 왜 문제가 되죠?"

소설가 프랑수아 모리아크가 구역질 나는 책이라고 비난하기도 했지만, 『제2의 성』은 1949년 11월에 출간되어 일주일 만에 2만 2천 권이 팔리고 미국에서는 번역되자마자 백만 부가 넘게 팔리는 놀라운 판매량을 보였다. 사람들의 모욕과 협박 때문에 시몬은 집을 옮겨야 할 정도였으나 '당신 덕분에 내 인생이 변했어요!'와 같은 여성들의 지지와 감사도 받았다.

간단하게 이야기하자면 이 책은 여성의 사회적 지위에 관한 이야기지만, 복잡하게 이야기하자면 여성으로서의 권리를 주장하는 책이자 남성 중심 사회를 향한 정면 비판을 담은 책이었다. 남성들 입장에서는 그동안 아무도 문제 삼지 않은 일을 들추며 불편하게 만드는 책이었으며, 집안의 아내와 딸들을 들쑤시는 이상하고 나쁜 책이었다. 당연한 일들이 당연하지 않다고 이야기하는 이해할 수 없는 책이기도 했다. 여성이 아이를 낳고 집안을 돌보고 남성의 성적 대상인 게 뭐가 이상한 일인지 남자들은 받아들일 수 없었으니까 말이다.

하지만 이 책은 신화, 역사, 신체, 여성의 일상을 바탕으로 서양 문화에서 여자가 된다는 사실, 즉 남자의 부속물로서의 여자가 된 과정과 원인을 광범위하게 다루며, 그동안 여성이 왜 동등한 권리를 주장할 수 없었는지를 밝혔다. 예를 들면, 많은 문학 작품 속에서 여성은 순종적이고 온순하며 가냘픈 모습으로 나온다. 대개 이런 여성들은 남성에 의해 위기를 모면하거나 신분이 상승한다. 오랜 전통을 가진 백설공주나 신데렐라처럼! 오늘날 광고 속 여배우들은 깨끗한 빨래를 널고 행복해하며 설거지를 하면서 즐거워한다. 마치 당연히 그렇게 해야 하는 일처럼!

시몬이 책을 통해 밝힌 내용이 바로 이런 것들이다. 너무나 자연스럽게, 아무렇지 않게 일상에 스며들어 누구도 생각하지 못했던 것들이 여성들에게 얼마나 '여자답게'를 강요했는지를 말이다. 모든 것을 참고 순종하는 것이 여성의 운명이라 생각했던 당시의 사람들에게 시몬의 글은 충격적이면서도 감동적이었다. 남성들이 기분 나쁘든 말든, 나의 문제가 곧 사회의 문제임을 알게 된 여성들은 『제2의 성』에 환호할 수밖에 없었다.

너 자신이 되어라

"자자! 배운다는 것은 정말 기쁜 일이야. 너도 대학에 들어오면 어때? 자유로운 생각, 삶, 사랑……."

"시몬, 나는 점점 자신이 없어져. 네가 부럽다. 이제 나는 베를린으로 갈 거야. 1년 정도 지내다 돌아오면 그를 잊을 수 있을지도 몰라."

대학을 다니던 시몬은 데자르 학교 시절 단짝인 자자를 만났다. 자자는 시몬만큼 우수했지만 부모님의 뜻을 따라 대학에 진학하지 않았다. 사랑하는 사람이 있었지만 부모님의 반대로 사랑을 포기해야 했고, 시몬처럼 공부를 더 하고 싶었지만 그러지 못했던 자자는 베를린으로 떠나기 전 열병에 걸려 끝내 목숨을 잃고 만다.

"자자를 한 번만 만나게 해 주세요."

"안 된다고, 너 같은 애를 만나면 우리 자자가 더 흔들릴지도 몰라."

시몬의 애원과 시몬을 보고 싶어 했던 자자의 요청에도 불구하고 둘은 끝내 만나지 못했다. 자자의 부모가 자유로운 삶을 살고 있는 시몬과의 만남을 반대했기 때문이다. 자자의 죽음은 시몬에게 깊은 상처였고 여성으로서의 삶에 질문을 던지게 했다. 아무것도 자유롭게 할 수 없는 여성으로서의 삶 말이다.

당시에는 자신의 삶을 스스로 선택하여 살아갈 수 있는 여성이 많지 않았다. 가난한 사람들이나 직업을 갖는다고 생각했기에 귀족 출신의 여성들은 집 안에 머물렀다. 하지만 시몬의 생각은 달랐다. 열여섯의 나이에 대학 입학 자격시험에 통과하고 스물한 살이라는 젊은 나이에 교수 자격시험에 통과해서 마르세유의 한 중등학교에서 교사 생활을 시작했다.

"돈을 벌고, 외출을 하고, 사람들을 맞고, 글을 쓰고, 자유롭다는 것—이번에야말로 진정한 삶이 열렸다."

시몬에게 직업은 수치스러운 것이 아니라 자유로운 삶을 위한 첫걸음이었다.

"프랑스에서 매년 백만 명의 여성이 낙태 시술을 받는다."

오늘날의 말을 빌리자면, 1972년 프랑스 사회를 충격에 빠트린 '팩트 폭행'이 일어났다. 사실이지만 인정하고 싶지 않았고 알았지만 외면하고 싶은 일을 폭로한 여성들 때문이다. 1972년 5월 13일, 파리의 뮈티알리테에 모인 5천 명의 여성들 앞에서 시몬을 포함한 343명의 여성들은 바로 위의 문장으로 시작하는 선언문을 낭독했다. 그녀들은 프랑스에서 낙태를 금지하는 법이 여성을 얼마나 위험하게 만들고 어떻게 범죄자로 만드는지에 대해 폭로했다. 여성은 강간 같은 성폭력으로 고통을 겪을 뿐 아니라 이로 인한 임신에 홀로 책임을 져야 하고, 불결한 환경에서 비밀리에 진행된 낙태로 인한 질병 감염, 범죄자가 될지도 모른다는 두려움마저도 홀로 감당해야만 했기 때문이다.

"저는 결혼을 약속한 남자 친구의 아이를 가졌어요. 하지만 그는 임신 소식을 듣고 저를 떠났죠. 저는 어쩔 수 없이 낙태를 해야만 했어요. 하지만 그 이유로 저는 범죄자가 되고 말았어요."

이 자리에 모인 여성들은 저마다 낙태의 경험을 고백했고, 이들의 이야기는 라디오로 생중계되었다. 당시 불법이던 낙태 경험을 고백한다는 것은 범죄를 고백하는 것과 다르지 않았지만, 이 고백이 한둘로 끝나지 않은 탓에 사람들은 충격에 빠졌다. 하지만 이 충격은 낙태 사실을 숨기며 살았던 많은 여성들을 움직이게 했다. 그들의 공감과 지지는 1974년 보건 장관인 시몬 베유가 "내 몸의 주인은 나"임을 말하며 주도한 낙태 합법화로 이어진다. 여성들의 고백으로 시작된 낙태 합법화의 과정에 시몬 드 보부아르의 역할이 컸음은 두말할 필요가 없다.

시몬은 사람이 어떤 목적이나 의미와는 무관하게 희망하고 사랑하고 욕망하고 행동하는 자발적인 존재라고 주장했다. 시몬이 말한 것은 무엇을 선택할 것이고 어떻게 행동할 것인가 하는 자유와 관련된다.

우리는 흔히 "너랑 상관없거든. 신경 꺼."라고 말한다. 예를 들면, 지구 반대편에 사는 여자아이가 나이 많은 남성의 아내가 되는 일은 나와 상관없는 일일까? 어떤 이들은 이런 일을 반대하고 또 누군가는 무심하게 여길 수도 있다. 같은 세상을 살아가지만 무엇에 관심을 가지고 행동하는가에 따라 살아가는 세상은 조금씩 다르다. 세상은 정해져 있는 것이 아니라 사람들의 선택과 행동에 따라 달라질 수 있기 때문이다. 만약 남성과 여성을 차별하지 않는다면, 만약 남성과 여성의 역할을 정해 놓지 않는다면 어떻게 될까? 그때 우리는 여성과 남성의 차이와 차별을 뛰어넘어 인간으로서의 삶을 고민하게 된다.

시몬이 보여 준 행동과 남긴 글들로 여성들은 더 이상 남성에게 신비로운 존재가 되기 위해 애쓰지 않고 자유롭게 살아갈 용기를 얻었다. 하지만 세상은 여전히 '여자답게'를 강요하고 있다. 이젠 우리가 인간으로서의 여성을 고민했던 시몬 드 보부아르를 기억하며 좀 더 자유로운 인간이 되기 위한 희망을 품어야 하지 않을까?

인형의 집

"당신은 지금까지 내게 잘해 주셨습니다. 그러나 우리들의 집은 한낱 놀이방에 지나지 않았던 것입니다. 나는 우리 본가에서는 아버지의 인형이었고, 여기에 와서는 당신의 인형에 불과했던 것입니다. 나는 당신이 나와 놀아 주시면 기쁘곤 했습니다. 이것이 바로 우리들의 결혼이었던 것입니다."

헨리크 입센이 1879년에 발표한 희곡 『인형의 집』의 한 부분이다. 이 작품에는 아버지에서 남편으로 주인이 바뀐 인형 노릇은 그만하겠다는 선언, 남성이 주인이 되는 놀이 같은 결혼 생활을 끝내겠다는 선언이 담겨 있다.

남편 헬머는 노라를 귀여운 작은 새처럼 여겼고 노라 또한 남편의 기대에 맞추는 역할에 충실했다. 노라의 비밀이 드러나기 전까지는 말이다. 노라는 남편의 병을 치료하기 위해 돈을 빌렸다. 남편에게는 비밀이었다. 이 덕분에 남편은 휴양을 했고 병이 나았다. 하지만 이 사실을 알게 된 남편은 노라에게 분노한다. 남편의 분노에 노라는 처음으로 자신의 의미를 고민하고 집을 떠날 결심을 하게 된다.

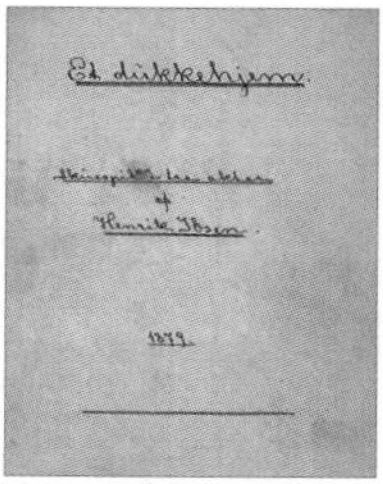

「인형의 집」, 헨리크 입센, 1879

노라는 무엇보다도 신성한 의무, 바로 '자신이 하나의 인간'이라는 사실을 깨닫게 되었기 때문이다. 이후 남편의 사과에도 노라는 문을 닫고 집을 나선다. 19세기의 노라와 20세기의 시몬은 주어진 역할이나 의무보다 우선하는 인간으로서의 여성을 이야기한다. 그럼 오늘날 여성의 삶은 노라와 시몬의 시대와 많이 달라졌을까? 달라졌다면 어떻게, 아니라면 왜일까?

Story 3

우리가 바뀌면 세상도 바뀐다

— 제인 구달

"가장 지적이라는 인간이 어떻게 지구를 파괴할 수 있죠?"

'침팬지들의 어머니'라고 불리는 제인 구달(1957~)의 질문이다. 그녀에게 학자가 아닌 어머니라는 칭호가 붙은 까닭은 침팬지 연구의 중요한 업적 때문이기도 하겠지만 아이를 사랑하듯 침팬지를 사랑했기 때문이다. 제인은 침팬지가 인간과 가장 닮았으면서도 인간은 아닌, 그리하여 동물의 세계에서 인간의 세계로 보낸 외교관이라 생각했다.

어쩌면 위의 질문은 제인 구달의 물음이 아니라 침팬지들의 물음일지도 모른다. 지구상에서 가장 똑똑하다고 자부하는 당신들이 어떻게 지구를 파괴할 수 있느냐고, 왜 이렇게 어리석으냐고, 당신들이 미개하다고 여기는 우리들도 환경을 함부로 대하지는 않는다고 하면서 말이다. 지구를 파괴하고 있는 인간에 대한 경고, 자연의 질서를 어지럽힌 순간 인간의 삶도 함께 어려워질 수 있음에 대한 경고지만 아직 희망은 있다. 제인의 말처럼 평화롭고 조화롭게 사는 법을 배우기만 한다면!

탄자니아 곰비의 흰색 원숭이

탄자니아 곰비의 깊은 숲에서 '우우' 외치는 제인 구달에게서 〈타잔〉에 나오는 제인을 떠올리는 일은 어렵지 않다. 하지만 스물여섯, 금발의 백인, 영국인인 그녀가 왜 숲으로 갔는지를 이해하기는 쉽지 않다. 더구나 강아지도 고양이도 아닌 침팬지를 연구하는지 그 이유를 짐작하는 일은 더 어렵다. 흔히 자연 속 동물들의 삶을 관찰하는 일은 주로 남자들의 몫이라 여겨졌기 때문이다. '왜 여자가 하필이면? 더구나 무시무시한 침팬지라니?' 하는 의문이 들 수 있다. 하지만 중요한 건 여자라서가 아니다. 제인이 남자들의 영역에 성큼 들어설 수 있었던 까닭은 여자이기 이전에 호기심을 가진 인간, 동물을 사랑하는 인간이었기 때문이다. 제인은 자신에게 주어진 기회를 놓치지 않았고 아프리카의 거친 숲속으로 걸어 들어갔다.

거친 풀들에 쓸리고 벌레가 들끓고 표범이나 뱀 같은 맹수가 예고도 없이 등장하는 숲속에서 제인은 매일 비슷한 옷을 입고 하루 종일 침팬지를 기다렸다. 침팬지가 자고 떠나간 나무 위를 기어 올라가고 침팬지가 먹고 뱉은 열매들을 살펴보면서, 침팬지의 눈에 그녀가 '적'이 아닌 '흰색 원숭이'로 보이기까지 아주 오랜 시간을 기다려야 했다.

"제인, 동물들에게 이름을 붙여 주면 어떻게 해요? 번호를 붙여야죠. 이러면 객관적인 연구가 안 된다고요."

동물들을 실험과 관찰의 대상으로 인식하는 게 일반적이었던 당대 과학자들과 달리 제인은 자신이 관찰한 침팬지들에게 맥그리거, 플로, 데이비드, 골리앗 등 하나하나 이름을 붙여 주었다. 대학도 나오지 않은 백인 여자에 대한 불신과 반발은 심했지만, 제인은 이렇게 답했을 뿐이다.

"침팬지들도 사람처럼 다른 외모와 성격을 지녔어요. 이름을 갖는 게 당연하지 않나요?"

그녀에게 침팬지는 일련번호가 붙은 관찰 대상이 아니라, 인간과 가장 많이 닮은, 인간과 함께 살아가는 존재였다.

닭은 알을 어디로 낳을까?

"제인이 보이지 않아요. 도대체 어디를 간 거죠?"

"제인! 제인! 어디 있니?"

영국의 작은 시골 마을인 켄트는 갑자기 사라진 네 살 소녀 제인을 찾느라 소란스러웠다.

"글쎄, 다섯 시간 동안이나 보이지 않았는걸요."

"제인에게 무슨 일이 생긴 건 아니겠죠? 아무래도 경찰에 신고를 해야겠어요."

부모가 애타게 찾는 동안 제인은 닭장 안 짚 덤불 속에서 숨을 죽이고 있었다. 닭이 알을 어디로 낳는지가 너무 궁금했기 때문이다. 아침마다 제인은 따뜻한 달걀을 만지며 궁금해했다.

'닭은 어디로 알을 낳을까? 입으로? 날개로?'

어른들에게서도 시원한 답을 얻을 수 없었던 제인은 닭이 알을 낳는 장면을 지켜보기 위해 닭장 속에 숨어들었다. 제인의 등장에 닭들은 알을 낳지 않고 이리저리 푸드덕거리며 돌아다니기만 했다. 제인은 닭똥 냄새가 진동하고 닭 깃털이 날리는 덤불 속에 숨었다. 그리고 드디어 닭이 알을 낳는 순간을 지켜보았다.

"아아, 닭은 알을 이렇게 낳는구나!"

제인은 궁금증을 해결하고 나서야 닭장 밖으로 나왔다. 시간이 얼마나 흘렀는지 부모님이 얼마나 걱정했는지는 몰랐다. 닭이 알을 낳는 모습을 보았다는 기쁨으로 벅찰 뿐이었다.

꿈을 꾼다는 것은

제인은 『정글북』, 『둘리틀 박사 이야기』 등을 읽으며 성장했고 아프리카에서 동물과 함께 지내며 일하고 싶다는 꿈을 가지고 있었다. 하지만 집안 형편 때문에 대학에 진학하지 못했고 대신 비서 양성 학교를 졸업하고 옥스퍼드 대학 행정실에서 일하고 있었다. 그리고 제인의 삶을 바꿔 줄 한 통의 편지가 도착했다. 오래전 연락이 끊긴 친구였다.

"제인, 오랜만이야. 우리 아버지가 아프리카 케냐에서 농장을 하게 되었어. 아프리카로 오지 않을래?"

1956년 고향으로 돌아간 제인은 케냐로 갈 뱃삯을 마련하기 위해 여러 개의 아르바이트를 했고, 1957년 여름 아프리카에 도착한다. 아프리카에 도착한 지 한 달이 되어 갈 무렵 제인은 마냥 친구의 집에 신세를 질 수는 없어서 일을 찾다가 동물을 좋아한다면 루이스 리키 박사를 만나 보라는 이야기를 듣는다. 그는 고인류 화석 발견으로 유명한 나이로비 자연사 박물관장이었다. 제인은 용기를 내어 리키에게 연락해 면담을 요청했고, 동물을 좋아하고 호기심이 많은 제인에게서 과학자의 자질을 발견한 리키는 그녀를 자신의 비서로 채용한다. 이 일을 계기로 제인은 동물을 가까이에서 관찰하고 연구하는 사람이 될 수 있었다.

인류의 삶을 연구하던 루이스 리키 박사는, "제인, 침팬지에 관해 연구해 보지 않겠소?"라는 제안을 한다. 제인이 이 제안을 거절할 이유는 아무것도 없었다.

제인은 가난해서 꿈을 이루지 못한다고 절망할 수도 있었다. 하지만 제인은 절망 대신 할 수 있는 방법을 찾았다. 옥스퍼드 대학에서 일하면서는 옥스퍼드 강가의 동물을 관찰하고 자연사 박물관을 드나들며 스스로 공부했다. 당시 제인의 입장에서만 생각해 본다면 아프리카에 간다는 것은 불가능해 보이기까지 한 일이었다. 그렇지만 공부를 포기하지 않고 노력한 덕분에 제인은 기회를 잡을 수 있었다.

많은 사람들이 쉽게 내뱉는 말 "꿈 깨!"는 제인에게 통하지 않았다. 제인은 꿈을 계산하지도 포기하지도 않았다. 동물이 좋았고, 알고 싶어서 노력했다. 꿈을 꾼다는 것은 아주 멀리서 천천히 오는 기회를 기다리며 하고 싶은 것을 꾸준히 해 나가는 것일지도 모른다.

침팬지에게서 인간을 발견하다

'저기 앉은 침팬지는 무얼 하고 있는 거지? 나뭇가지를 왜 땅속에 집어넣었다 빼는 걸까? 설마?'

제인은 침팬지가 떠나자마자 땅에 주저앉았다. 좀 전에 본 침팬지처럼 나뭇가지를 구멍 속으로 밀어 넣어 보았더니 얇은 나뭇가지를 타고 개미 떼가 쪼르륵 따라 올라왔다.

'나뭇가지를 이용해서 개미를 잡아먹고 있었던 거구나!'

루이스 리키는 제인의 발견에 대해 이렇게 말했다.

"우리는 인간을 다시 정의하든가, 도구를 다시 정의하든가, 아니면 침팬지를 인간으로 받아들여야 할 것이다."

인간만이 유일하게 도구를 사용한다고 생각했던 당시 사람들에게 침팬지도 도구를 사용한다는 제인의 보고는 충격이었다. 도구의 사용이 더 이상 인간만의 능력이라 말할 수 없게 되었기 때문이다.

©William Waterway

이후로도 제인은 육식을 즐기는 침팬지의 식성, 뚜렷한 서열 관계를 이루고 일정한 발달 단계를 거치는 침팬지의 특성들을 밝혀냈다. 기존의 연구들이 남자 학자들이 불과 몇 개월 만에 끝낸 연구였다면 제인의 연구는 10년 이상을 밀림을 헤치며 밝혀낸 것들이었다.

사진작가 휴고도 제인처럼 동물을 사랑하는 남자였다. 두 사람은 사랑에 빠졌고 결혼했다. 그리고 곰비의 숲에서 10년이 넘도록 생활하며 침팬지들의 성장을 기록했다. 하루는 휴고가 말했다.

"우리가 마치 어떤 마을의 생활을 구경하는 구경꾼 같아."

"왜?"

"침팬지들이 사는 모습이 인간의 모습과 정말 비슷한 것 같거든. 사랑하고 아이를 낳고 기르고. 죽음을 슬퍼하고 즐거워하는 것도 그렇고 말이야."

"휴고, 당신도 침팬지 전문가가 다 되었네."

휴고의 말처럼 침팬지들의 삶은 인간과 비슷했다. 심지어 인간에 내재한 어두운 면마저도 침팬지에게서 발견할 수 있었다. 1975년 제인은 침팬지가 동족을 살해할 수 있다는 걸 알게 된다. 이 발견에 대해 연구소의 연구원들은 "침팬지에 대한 부정적 이론이 생길 거예요. 우리 연구소가 문을 닫을 수도 있어요.", "폭력이나 살인이 자연스러운 것이라고 포장되고 옹호되는 데 악용되지 않을까요?"라며 우려했다. 하지만 제인은 이러한 우려에 "우리의 연구를 정치적 고려 때문에 은폐하거나 축소하는 것은 옳지 않아요."라고 답했다.

제인은 이 발견을 학계에 보고하며, "침팬지는 우리가 생각한 것보다 훨씬 더 우리 인간을 닮았다."라는 말로 인간의 그늘이 드리워진 침팬지를 사람들에게 알렸다.

뿌리와 새싹

"선생님, 침팬지들은 어떻게 먹이를 먹어요?"

"침팬지들은 다른 무리들과 떨어져서 먹이를 먹습니다. 만약 무리의 우두머리라면 정말로 맛있는 먹이를 혼자서도 먹을 수 있습니다."

"먹는 것이 침팬지들의 번식에도 영향을 미칠까요?"

"그럼요. 무리 내에서 서열이 높은 암컷일수록 좋은 먹이를 차지할 수 있습니다. 서열이 높은 암컷은 다른 암컷들보다 더 빨리 더 많은 수의 새끼를 낳지요. 서열이 높은 까닭에 차지한 질 좋은 먹거리는 자신의 새끼, 특히 딸에게 영향을 줍니다. 좋은 먹이를 먹고 자란 딸들은 어미처럼 다시 무리에서 높은 서열을 차지하지요. 따라서 먹이는 매우 중요합니다."

사람의 세계에서도 먹을 것은 중요하다. 하지만 점점 좋은 먹거리가 사라지고 있다. 이미 거대한 다국적 기업들은 씨앗을 독점하거나 유전자 변형 작물(GMO)을 만들어 막대한 이익을 챙기고 있다. 특히 수확량을 늘리기 위해 만들어진 씨앗들은 특정한 농약이나 화학 비료에만 반응하게 만들어져 땅뿐 아니라 그 땅에서 일하는 사람과 그 땅에서 난 것을 먹는 사람 모두를 아프게 만들고 있다.

열대 우림은 소에게 먹일 옥수수를 기르기 위해 베어졌고 곰비의 숲도 예외일 순 없었다. 나무를 베어 내자 침팬지들은 삶의 공간을 위협받았다. 당장의 이익에 눈이 멀어 나무를 베어 낸 사람들은 침팬지들과 마찬가지로 삶의 터전을 잃어버렸다. 이제 배고픈 사람들은 침팬지를 잡아 고기로 먹거나 밀매했다. 당장의 이익에 눈먼 사람들은 곰비에만 있지 않다. 세계 곳곳에서 더 저렴하게 더 많은 수확량을 얻기 위해 농약을 쓰고 그것을 이용해 새로운 제품을 만들어 파는 이들이 넘쳐 난다. 유전자 변형 콩으로 만들어진 기름, 유전자 변형 옥수수로 만들어진 빵들을 어렵지 않게 만날 수 있다.

1991년 제인은 환경 운동 네트워크 '뿌리와 새싹(http://rootsandshoots.org)'을 세우고 사람들이 스스로 변화해야 하는 이유를 알리고 행동할 수 있도록 지원했다. 자연과 생명을 존중하고 사람들이 인류, 동물, 환경을 위해 좀 더 나은 행동을 할 수 있도록 격려하는 것이 이들의 목표가 되었다. 제인은 처음에 침팬지를 가까이에서 보는 것만으로도 좋았을지 모른다. 하지만 이제 그녀는 인간의 삶을 염려하고 동시에 침팬지들이 살아갈 수 있는 숲을 보호하기 위해 노력한다. 이제 우리는 이런 의문을 가질 수 있다.

"유기농 먹거리를 사는 것과 침팬지가 무슨 상관이죠?"

제인은 이렇게 말한다.

"우리가 먹는 것은 서로에게 많은 영향을 미칩니다. 밥 한 끼가 무슨 차이를, 나 하나의 작은 행동이 뭐 그리 중요할까 싶기도 하겠지만 당신의 행동이 세상을 바꿀 수도 있습니다. 더 이상 아무도 찾지 않는 농약을 잔뜩 뿌린 농산물을 생산할 이유가 없어지면 숲도 살아나겠죠. 그렇게 되면 침팬지들이 밀매업자에게 팔리거나 잡아먹히게 되지도 않을 테니까요."

제인 구달은 분명 침팬지를 사랑했지만 침팬지의 모습이 담긴 인간도 사랑했다. 그 사랑 속에서 그녀가 발견한 진리는 어쩌면 매우 단순한 것인지도 모른다. 그 어느 생명체도 혼자서는 살 수 없다는 것, 서로 멀리 떨어져 관련 없어 보이는 생명체들도 서로에게 깊은 영향을 미치고 있다는 것, 그리하여 바로 지금 여기, 내가, 우리가 달라져야 한다는 것을 말이다.

생각을 더해 주는 아이템!

'혹성 탈출' 시리즈

어느 날 나는 수정같이 맑은 작은 실개천 둑에 데이비드와 가까이 앉아 있다가 땅에 떨어져 있는 잘 익은 빨간 야자열매를 발견했다. 나는 그것을 주워 손바닥을 벌려 그에게 보여 주었다. 그는 머리를 돌렸다. 내가 손을 더 가까이 가져가자, 그는 열매를 보았다가 다시 나를 쳐다보곤 이내 열매를 집으며 그의 손으로 내 손을 힘 있게, 그러나 부드럽게 잡아 주었다.

–제인 구달, 『인간의 그늘에서』 중에서

제인 구달이 침팬지 데이비드와 손을 잡았던 순간을 회상하며 적은 글로, 인간과 침팬지의 구분이 불필요한 순간에 대한 기억이다. 우리는 그저 시간과 공간을 초월한 원시의 어느 시간을 상상해 보는 것으로 제인의 느낌을 가늠해 볼 뿐이다. 인간이 스스로를 다른 종과 구분하기 전의 시간 말이다.

영화 '혹성 탈출' 시리즈는 이 원시의 시간을 미래의 먼 어느 날로 바꾸어 버린다. 3부작으로 이어지는 시리즈는 침팬지 시저의 실험실 생활에서 시작해 인류의 멸망과 화해, 희망까지를 아

〈혹성 탈출-종의 전쟁〉, 맷 리브스 감독, 2017

우른다. '우우' 하는 소리밖에 할 수 없었던 침팬지 시저가 영어를 말하고 침팬지들의 리더가 되어 인간과 대립하는 과정을 보면 제인 구달의 질문을 다시 떠올리게 된다. '지혜롭다'면서도 당장의 이익에 눈이 먼 인간의 무지, 교만하며 멈출 줄 모르는 인간의 욕망을 떠올리게 된다. 그리하여 제일 지혜롭다는 지위를 침팬지에게 내주는 인간의 미래는 섬뜩함과 동시에 지금 당장 해야 할 일을 알려 준다. 인간은 지혜롭지도 않고, 혼자서 살 수도 없다. 그러므로 우리는 침팬지와 숲과 그리고 수많은 생명들과 함께 살기 위한 노력을 해야 한다. 바로 지금 당장!

Story 4

도대체 인간이란 어떤 존재이겠습니까?

— 수전 손택

"선생님, 도대체 책을 읽는 사람들은 어떤 사람들이죠?"

"왜?"

"정말 신기해서요. 저는 책을 못 읽거든요. 재미없어요."

학교에는 종종 아니, 그보다 자주 책의 재미에 의문을 품거나 책 읽기를 어려워하는 친구들이 있다. 그들 대부분은 책을 통해 무엇인가를 얻기를 바랐지만 수고의 결과에 실망한 경험이 있는 이들이다. 책은 누군가를 위해 봉사하거나 누군가에게 무엇인가를 주기 위해 존재하는 것이 아니다. 다만 책을 읽는 많은 이들 중에 누군가가 스스로 문을 열고 더 넓은 세상으로 나아갈 수 있을 뿐이다.

미국을 대표하는 최고의 지성, 수전 손택(1933~2004)은 문학에 대해 이렇게 말했다.

“문학은 광활한 현실로, 즉 자유의 공간으로 들어갈 수 있는 여권이었습니다. 문학은 자유였습니다. 특히 독서와 내면의 가치가 엄청난 도전을 받고 있는 이 시대에도 문학은 자유입니다.”

광활한 현실과 자유의 공간으로 들어갈 수 있는 여권

광활한 현실과 자유의 공간으로 들어갈 수 있는 여권을 건네받는 사람들은 누구일까? 1933년 뉴욕에서 태어난 수전 손택은 일찍이 이 여권을 거머쥐었다. 그녀가 남긴 일기에서 우리는 음악과 문학, 연극, 예술을 사랑한 천재 소녀를 만날 수 있다.

‘난 글을 쓰고 싶다. 나는 지적인 환경에서 살고 싶다. 음악을 많이 들을 수 있는 문화의 중심에서 살고 싶다. 이 모든 것과 그 이상을 원한다…….’

남들보다 영특했던 수전은 문학과 음악, 문화의 중심을 갈망하며 1949년 열일곱의 나이로 버클리 대학에 입학하고 그해 여름 시카고 대학에서 장학금을 받고 학교를 옮긴다. 그녀가 일기에 남긴 책, 음악, 연극을 포함한 예술과 관련된 각종 목록은 그녀의 지적 호기심과 열정을 알려 주는 동시에 그녀가 얼마나 광활한 현실과 자유의 공간을 맛보았는지를 짐작하게 해 준다. 지드, 괴테, 카프카, 도스토옙스키 등 이름만 들어도 쟁쟁한 소설가들과 철학가들이 열어 준 자유의 공간은 뉴욕 지성계의 여왕, 미국 문단의 다크 레이디, 대중문화의 퍼스트레이디 수전 손택을 태어나게 했다.

다른 삶을 살고 싶다

“더러운 양말을 옷장 바닥에 던져두지 않으면 안 돼?”

“아니, 뭐 그게 어때서?”

“아. 진짜…….”

수전은 열일곱에 시카고 대학 역사 강사였던 필립 리프를 만난다. 그리고 그해에 약혼을, 그 이듬해에 결혼을 하고 아들 데이비드 리프도 낳는다. 남들보다 빠르긴 하지만 평범해 보이는 부부의 삶이었다. 하지만 결혼 8년 만에 수전은 이혼을 선언한다. 수전이 내세운 이유는 ‘다른 삶을 살고 싶다.’였다.

더러운 양말을 옷장 바닥에 던져두는 일은 반복적이다. 하지만 같은 이유로 매번 다투기란 쉽지 않다. 대개 다툼은 침묵으로 이어지다 한쪽의 변명과 용서, 더 심한 말다툼과 눈물, 화해의 순서로 이어지지만, 반복적 이유로 인한 다툼은 더 이상 시시비비를 가리지 않고 상호 합의하에 묻어 두고 가게 된다. 수전은 결혼 후 두세 달 직후에 이와 같은 경험을 하고, 각자 상대가 쉽게 변할 수 없는 존재임을 확인하는 계기로 여긴다.

하지만 단지 이런 이유로 이혼을 결심한 것은 아니다. 수전 손택은 결혼이 자신뿐 아니라 상대방에게도 희생을 요구하는 행위라고 이해했다. "나는 너 없이는 살지 못할 거야. 당신은 홀몸이 아니야. 당신은 우리야……."와 같은 말. 각자 주체로 살지 못하고 누군가가 누군가에게 속하는 상태를 그녀는 견딜 수 없었고 결국 가족이라는 제도를 벗어나기로 한다.

스물여섯의 나이에 수전은 하버드 대학에서 철학 박사 학위를 받고 영국으로 향하는 배에 올랐다. 옥스퍼드 대학, 소르본 대학을 거치고 1959년 뉴욕 시립대학, 컬럼비아 대학 등에서 철학 강의를 하면서 글을 쓰기 시작한다. 그야말로 새로운 삶이 시작되었다.

질병, 그게 뭐 어때서?

"엄마, 우리 아빠는 어떻게 죽었어?"

"몰라도 돼."

"아빠 무덤은 어디에 있어?"

"몰라."

수전은 5세에 친아빠 잭 로젠블랫을 잃는다. 병명은 결핵이었으나 어머니는 아버지가 죽은 이유와 무덤의 위치조차 숨겼다. 왜냐하면 그 당시만 해도 결핵을 바라보는 시선이 곱지 않았기 때문이다. 결핵을 흔히 빈곤이나 결핍의 질병으로 보았다. 정신적으로 연약한 사람, 혹은 가난한 사람들이나 걸리는 병으로 여겨졌기 때문에 수전의 어머니는 딸에게조차 남편이 죽은 이유를 말할 수 없었다.

"유방암 4기입니다."

"제가요?"

"네, 그렇습니다."

"치료를 해야겠군요."

1976년 수전 손택은 자신이 유방암 4기라는 사실을 알게 된다. 그리고 이 병을 통해 수전은 병에 대한 해석을 반대한다. 의학이 지금보다 훨씬 발달하기 전, 사람들은 '역병'(전염병)이 돌면 이를 신의 뜻이라고 해석하곤 했다. 전염병을 집단적 재앙이나 천벌로 보았기 때문에 희생양이 필요했고, 마녀로 지목된 여인들은 마을에서 쫓겨나거나 희생물이 되곤 했다. 지금의 의학으로 보자면 어처구니없는 일이지만, 그때는 그랬다. 수전은 사람들의 질병을 대하는 태도, 사실과 무관하게 '의미'를 부여한 이 믿음에 의문을 제기한다.

수전은 결핵에 걸려 죽은 시인 키츠와 소설가 카프카의 말들, 몇몇 문학 작품에서 묘사된 결핵을 분석한다. 그리고 사람들이 결핵을, 내면의 낭만적 성향 혹은 열정 때문에 생긴 병으로 인식한다는 사실을 밝혀낸다. 반대로 암은 열정을 억압할 경우에 생기는 것으로 사람들이 인식한다. 말하자면, "아이고, 그렇게 속으로만 앓더니 암에 걸릴 줄 알았어."와 같이 말이다. 하지만 그녀는 말한다.

"질병은 질병이며, 치료해야 할 그 무엇일 뿐이다."

그렇지만 여전히 질병은 싸워야 할 대상으로 빗대어 표현된다. 우리에게도 익숙한 '질병과의 전쟁!' 같은 표현으로 말이다. 사스, 메르스, 에볼라 등등 사람들의 삶을 위협하는 치명적인 전염병들은 늘 전쟁의 대상으로 빗대어 표현되곤 한다. '암 투병(鬪病)'이라는 말에서 고스란히 드러나듯 암 역시 싸워야 하는 대상으로 표현된다.

수전은 사람들이 질병을 싸워야 하는 대상으로 인식하는 이유를 세균의 발견과 제1차 세계 대전에서 찾는다. 1882년 코흐는 결핵균을 발견한다. 이 발견은 결핵이 더 이상 내적(성향, 열정 등)으로 문제가 있는 사람들이 걸리는 병이 아니라는 사실을 밝혀냈다. 즉 병은 내부가 아니라 외부에 존재하는 세균에 의한 것임을 알게 되었다.

때마침 전쟁이 발발했고 세균의 존재를 알게 된 사람들은 물리쳐야 할 대상이 존재하는 전쟁에서 적국을 세균에 비유하기 시작한다. 전쟁 중의 의사들은 다친 군인들의 환부를 자르고 꿰매고 붙여 정상의 상태로 돌려놓기 위해 애쓴다. 그런데 나치스트나 파시스트와 같은 전체주의자들이 이 의사들의 행위를 자신들의 행동과 동일시하기 시작한다. 즉 세균 때문에 병에 걸리듯 어떤 요소들이 문제이기 때문에 우리 사회가 병들었고, 의사들이 병을 치료하듯 사회를 치료하겠다는 의미로 말이다. 병은 의사가 치료하고 사회는 자신들이 치료하겠다는 전체주의자들이 등장하면서 질병은 더 이상 단순한 질병이 아니라 정치나 사회를 설명하는 말로 쓰이게 되었다는 게 수전 손택의 주장이다.

수전은 스스로 병을 겪으며, 또 오랫동안 이유를 알 수 없었던 아버지의 죽음을 회상하며, 사람들이 덧씌워 놓은 질병에 대한 환상을 밝혀냈다. 그녀가 주는 메시지는 간단하다. 사실을 사실로 바라보라고. 암은 매우 심각한 질병이기는 하지만 그래도 질병일 뿐 저주도 아니며, 신의 심판도 아니고, 곤혹스러워할 필요가 없으며 별다른 의미를 부여하지 말라고.

수전이 암을 완치한 후 오랜 시간이 지났다. 이제 암은 이전에 비해 덜 무서운 존재가 되었다. 더구나 몇 번의 검색만으로도 충분히 질병의 원인을 알 수 있는 시대를 살아가고 있다. 그럼 이제 우리는 병을 병으로 볼 수 있게 되었을까? 글쎄다. 만일, 누군가가 에이즈에 걸렸다고 한다면 무슨 생각이 먼저 들지 솔직하게 말해 보자. "아이고, 너 그러다가 에이즈 걸릴 줄 알았어." 혹은 "도대체 네가 어떻게 살았기에 에이즈에 걸린 거야?"라고 하지 않을까?

타인의 고통

"야! 죽여. 죽여."

"나 지금 딸피야! 빨리빨리."

PC방을 가득 메운 아이들은 흥분한 목소리로 게임 속 캐릭터들을 빨리 죽이라고 서로에게 재촉한다. 게임 속 캐릭터들은 "사격 솜씨는 여전하군!", "이 시간부로 우리는 모두 군인이다."와 같은 말을 주고받는다. '죽이다, 군인, 사격', 살인이 일어나는 장면을 묘사하는 말들을 아무런 거리낌 없이 내뱉으면서도 가상이라는 이유로 죄책감 대신 쾌감을 느낀다. 이것은 전쟁이 우리들의 삶에 깊이 스며들어 있음을 보여 주는 단적인 예다.

사진을 찍는 행위, 셔터를 누르는 행위를 가리키는 말은 영어로 'shoot'인데 이 역시 총을 쏜다는 것에서 유래했다. 수전은 전쟁의 이미지를 찍은 사진을 언급하며 우리에게 묻는다. 우리가 게임을 하듯, 뉴스를 소비하듯 그저 전쟁도 하나의 상품처럼 소비하고 있는 건 아닌가 하고 말이다.

2001년 9월 11일을 살았던 사람들이 평생 기억할 장면은 비행기 한 대가 세계무역센터를 관통하는 모습이다. 마치 영화 속의 한 장면처럼 찍힌 한 장의 사진은 9·11 테러를 상징하는 사진이 되었다. 이 사진은 미국의 심장부로 돌진한 탈레반에 대한 분노는 일으켰지만, 미국이 다른 이들의 삶에 쏟아부었던 총알을 드러내진 못했다. 수전은 9·11 테러가 그동안 미국이 이슬람권에 저지른 만행에 대한 당연한 귀결이라 평했다.

사진은 모든 사실을 드러내진 못한다. 누구의 편에서 어느 시선으로 보는가에 따라 대상은 다르게 표현될 수 있다. 폭행, 유린, 죽음으로 이어지는 전쟁은 누구에게도 행복을 선사하지 못하는데, 전쟁터에서 장갑차를 닦는 한 장의 사진은 우리에게 왠지 모를 여유를 느끼게 해 준다. 끔찍하게 죽어 간 시체들의 사진에 잠시 인상을 찌푸리고, 0.5초 후에 죽게 될 사람들의 마지막 표정을 느낌 없이 바라보기도 한다. 아무런 느낌도 표정도 없는 우리에게 수전은 말한다.

"이런 이미지들이 전쟁의 고통을 전해 줄 수 있을 것 같나요? 아니에요. 사진은 이용하는 다양한 집단들의 목적에 따라 달리 사용될 수 있기 때문에 전쟁의 고통을 전할 수 없습니다."

그러면 많은 사람들은, 끔찍한 현실을 전하는 것에서 사진은 의미가 있는 것이 아니냐고 반문할 수 있다. 그럴 때 수전은 대답하기 어려운 질문을 던진다.

"과연 그럴까요? 가까이서 보았든, 멀리서 보았든 그저 바라보는 것만으로는 문제가 해결되지 않아요. 굶주린 아이들의 모습, 전쟁 속에서 고통받는 사람들에 대해 우리는 잠시 연민을 품을 수 있겠죠. 하지만 그것이 문제를 해결하는 데 어떤 도움이 될 수 있나요?"

수전 손택은 연민을 베풀기를 그만두고 자신이 누리고 있는 특권이 누군가의 고통과 연결되어 있는 것은 아닌지 고민해 보길 권한다. 그녀는 세상을 향해 민감하게 느끼고 통찰했고 말했고 질문했다. 또한 1993년 보스니아 내전 때에는 사라예보를 직접 찾아 연극 〈고도를 기다리며〉를 공연하기도 했고 김남주 시인이 국가보안법 위반으로 수감되었을 때 이를 규탄하기 위해 우리나라에 방문하기도 했던 행동가였다.

"우리 아닌 다른 사람이나 우리의 문제 아닌 다른 문제에 감응할 능력이 없다면, 도대체 인간이란 어떤 존재이겠습니까? 뭔가를 배울 능력이 없다면, 용서할 능력이 없다면, 도대체 인간이란 어떤 존재이겠습니까?"

©Lynn Gilbert

우리 아닌 다른 사람이나 우리의 문제 아닌
다른 문제에 감응할 능력이 없다면,
도대체 인간이란 어떤 존재이겠습니까?

생각을 더해 주는 잇템!

레이디 고다이바

고다이바 부인은 11세기경 영국 코번트리 지역을 다스리던 영주의 부인이었다. 그녀는 남편 레오프릭이 과도한 세금을 징수하는 바람에 농민들의 삶이 어려워졌다는 사실을 알고 세금을 낮춰 줄 것을 요청한다. 남편은 아내의 진심을 비웃었고 그녀가 도저히 할 수 없을 일을 제안한다. 바로 실오라기 하나 걸치지 않은 채 말을 타고 마을을 한 바퀴 도는 일이었다.

고다이바는 망설였지만, 발가벗은 몸으로 거리에 나선다. 이후 레오프릭은 세금을 낮췄고 농민들의 삶은 나아졌다. 부족할 것 하나 없는 영주의 부인이 무엇 때문에 거리로 나섰을까? 수전 손택이 말한 우리의 문제가 아닌 다른 문제에 감응하는 능력, 바로 연민과 공감 때문이 아니었을까?

농민들은 영주의 부인이 거리에 나서기로 한 날 창문을 모두 걸어 잠그고 집 밖으로 나서지 않았다고 한다. 자신들을 위해 여성으로서의 수치마저도 감수하기로 한 그녀를 지켜 주기 위해서였다.

하지만 그녀를 그린 그림은 어떤가? 실제로 고다이바가 그런

〈레이디 고다이바〉, 존 콜리어, 1898, 허버트 미술관

행동을 했는지 역사학자들은 확인할 수 없다고 한다. 하지만 이 일이 사실이든 전설이든 상관없이 이 그림에는 사람들의 욕망이 반영되고 말았다. 볼 수 없는 대상을 보고 싶어 하는 마음, 보고 싶은 대로 보는 마음의 반영이다. 은밀한 욕망의 반영은 수전이 경고한 사진의 이미지와도 무관하지 않다. 사진은 그것을 이용하고자 하는 집단 혹은 사람에 따라 같은 대상도 다르게 표현될 수 있다. 사진 속의 대상은 대상의 속성이나 진실과는 무관하게 목적에 맞게 찍힐 뿐이다. 그러니 속지 말자. 슬퍼하고 아파하고 연민할 수도 있지만 바보가 되지는 말자.●

● 수전 손택이 9·11 테러 직후 발표한 「다 같이 슬퍼하자, 그러나 다 같이 바보가 되지는 말자」에서 인용.

2부

Imagination!
상상하라, 편견을 깨고

story 5

한 그루 나무에서 푸른 숲을 상상하다

— 왕가리 마타이

어느 날 숲에 큰 불이 났다. 동물들은 겁에 질려 숲을 뛰쳐나왔을 뿐 아무것도 할 수 없었다. 이때 작고 날갯짓이 빠른 벌새가 "이 불을 끄기 위해서 뭐라도 해야 해!" 하더니 가장 가까운 냇가로 날아가 물 한 방울을 입에 물고 와서는 불이 난 곳에 뿌렸다. 벌새보다 부리가 더 큰 다른 새들은 더 많은 물을 가져올 수 있는데도 '내가 뭘 할 수 있겠어?'라고 생각하며 지켜만 보았다. 한두 방울의 물로 끄기에 불은 너무 많이 번졌는데도 벌새는 계속 왔다 갔다를 반복했다. 그런 벌새를 향해 다른 동물들이 말했다.

"그게 무슨 소용이야? 이리 와서 우리와 함께 있어. 아무 소용없다고."

이들을 향해 벌새는 이렇게 말했다.

"난 내가 할 수 있는 모든 힘을 다하고 있어."

작은 벌새가 이뤄 낸 기적

이 벌새 이야기는 왕가리 무타 마타이(1940~2011)를 다룬 다큐멘터리에 나오는 이야기다. 그녀는 케냐의 부패한 정부가 돈과 바꾸려 한 숲을 지키고 사막으로 변한 땅을 다시 푸르게 만든 그린벨트 운동의 창시자이다. 벌새를 닮은 그녀는 나 하나의 작은 변화에 대해 "내일 당장 변화가 오지 않더라도 약간의 차이는 분명히 생긴다."라고 말했다.

2004년 노벨 평화상을 받은 왕가리 무타 마타이는 아프리카 최초의 여성 수상자이다. 평화를 사랑하고 행동했던 대부분의 사람들이 그러하듯 그녀 역시 힘센 자들에게 폭행당하고 투옥되었으며 가족들이 협박당하는 일을 겪었다. 하지만 그녀는 멈추지 않았다. 그녀는 숲을 사랑했고 숲과 함께 살아가는 사람들을 사랑했기 때문이다.

1989년, 케냐의 모이 정권은 외국의 투자를 받아 나이로비의 우후루 공원을 밀고 복합 빌딩을 지을 계획을 세웠다. 왕가리는 이를 중단하라는 소송장을 케냐 고등 법원에 제출했고, 건설 현장 앞에서 시위했다.

"우후루 공원은 나이로비의 마지막 숲이에요! 이곳에 62층 복

올챙이가 살 곳을 회복해 주고
우리 아이들에게 아름답고 경이로운 세상을 전해 주어야
하는 것이 바로 우리의 도전인 것입니다.

합 빌딩을 짓는다는 건 말도 되지 않아요!"

하지만 왕가리에게 돌아온 것은, "이 여자는 미쳤다. 남자를 존중해야 한다는 아프리카 관습을 망각했다!"는 노골적 비난이었다. 이 일로 왕가리는 그린벨트 운동 활동뿐 아니라 개인적인 활동까지 모두 금지되었지만, 국민의 지지와 외국의 압박에 결국 이 건설은 취소되고 만다.

오늘날 케냐 나이로비에서 아름다운 숲을 볼 수 있는 이유는 작은 벌새 왕가리 마타이가 만든 기적 덕분이다.

왕가리는 왜 학교에 안 가죠?

어느 날 학교에서 돌아온 왕가리의 오빠들이 어머니에게 물었다.

"어머니, 왜 왕가리는 우리처럼 학교에 안 가죠?"

"그래. 그렇게 불가능한 일도 아닌데. 왕가리 너도 학교에 다니도록 해라."

이렇게 왕가리는 이히테 초등학교에 입학하게 된다. 그 이후 세인트세실리아 중학교, 로레토 여자 고등학교를 거쳐 미국의 마운트세인트 스콜라스티카 대학을 졸업하고, 피츠버그 대학원에서 생물학 석사 학위를 따고 나이로비 대학에서 박사 학위를 받아 동아프리카 최초의 여성 박사가 된다.

만약 그때 왕가리의 어머니가, "무슨 여자애가 공부야? 농사

짓고 땔감을 구해 와서 오빠들 공부하는 거 도와야지. 오빠가 공부하고 출세해야 우리 가족도 좀 더 나은 삶을 살 수 있지 않겠니?"라고 했다면 어땠을까? 아마 그랬다면 '케냐 국립공원' 같은 푸른 숲은 지구에서 영영 사라졌을지도 모른다.

사람들은 '쓸데없이' 딸을 학교에 보낸다고 비웃었지만 왕가리의 어머니는 여자도 배워야 한다고 생각했다. 왕가리 역시 최선을 다했다. 로레토 고등학교를 다니던 왕가리가 수녀님들의 도움을 받아 1960년 케냐 정부가 추진한 미국 유학생 명단에 이름을 올린 것 역시 그녀의 노력을 엿볼 수 있는 면이다. 하지만 이 일로 "당신은 우리 부족의 적이야!"라는 말과 함께 망치를 든 괴한에게 습격을 당하기도 했다. 영국의 식민 지배를 받았던 케냐인들에게 백인은 적이나 다름없었고, 이유가 무엇이든 백인의 나라에 간다는 것은 곧 민족을 배신하는 일로 여겨졌기 때문이다.

"저는 그래도 포기하지 않을 거예요. 저는 배움이 훨씬 중요한 일이라고 생각하니까요."

가족들도 위협을 당했지만 왕가리는 미국으로 떠났고, 공부하는 내내 고국인 케냐를 잊지 못했다. 스물여섯이 되던 해, 케냐의 나이로비 대학 동물학과 연구직에 채용되었다는 편지를 받고 졸업식도 참석하지 않은 채 귀국했다.

설레는 마음으로 학과 사무실을 찾은 날이었다.

"그 자리는 이미 다른 남자로 채웠소. 당신 자리는 없소."

"무슨 말이에요? 여기서 일하게 된다고 해서 저는 미국에서 모든 걸 포기하고 왔다고요!"

"미국에서 공부한 게 뭐 대수라고 그래요? 아무튼 여기에 당신 자리는 없소!"

일방적인 채용 취소 통보를 받은 왕가리는 절망에 빠졌다. 하지만 다행히 그녀에게 평생 멘토가 되어 준 나이로비 대학 동물해부학과 호프만 교수를 만났고, 동물해부학 조교로 일하게 되었다. 하지만 왕가리는 "학위 취득을 너무 빨리 한 거 같은데, 실력에 문제가 있는 거 아니에요?"와 같은 의심과 편견에서 자유로울 수는 없었다. 아마 남자였다면 "이렇게 빨리 학위를 취득하다니 정말 놀라운 실력이군요!"라는 말을 들었을 텐데 말이다.

남편의 성을 따를 순 없어요

"아니, 결혼을 했으니 왕가리 마타이로 살아가는 게 당연한 거 아니요? 케냐의 다른 여성들은 모두 남편의 성을 따른단 말이오. 그게 왜 이상하다는 거요?"

"나는 당신의 소유물이 아니에요. 당신에게 속하거나 당신으로부터 시작되는 삶을 살고 싶지는 않아요! 저는 왕가리 무타인 걸요. 우리 키쿠유족 여자들은 모두 그런다고요."

"도무지 이해할 수 없군. 그게 왜 문제라는 거요? 당신이 이러면 남들이 나를 뭐라고 보겠소? 아내 하나 마음대로 못 한다고 비웃지 않겠소?"

왕가리는 나이로비 대학에서 조교로 일하며 만난 음왕기 마타이와 결혼했다. 케냐의 풍습에 따라 무타라는 결혼 전 성을 버려야 했지만 왕가리는 그러지 않았고 무타와 마타이 사이에 하이픈(-)을 넣어 사용했다. 음왕기는 이를 못마땅해했는데 단지 성을 그대로 사용하는 것에 대한 불만만은 아니었다. 왕가리는 케냐의 여성으로는 드물게 너무 많이 배웠고 너무 크게 성공했다. 물론 음왕기 마타이 역시 미국에서 공부했고 국회의원이었지만, 자신보다 많이 배우고 뛰어난 왕가리에게 열등감을 느꼈다.

결국 이 둘은 1979년 법정에 선다. 케냐에서 이혼은 흔한 일이 아니었고 여성인 왕가리에게 절대적으로 불리했다. 언론은 "왕가리가 너무 많이 배웠고, 너무 강하고, 너무 성공했고, 정말 고집이 세고, 정말 통제할 수 없었다."라고 보도하며 왕가리에게 문제가 있는 것으로 여론을 몰아갔다. 음왕기 역시 왕가리가 불륜을 저질렀고 자신의 고혈압을 조장했으며 잔인하게 굴었다고 말했다. 결국 판사는 이혼의 책임을 왕가리에게 물었고 이혼 명령을 내렸다. 왕가리는 이혼 결정에 관한 인터뷰에서 이렇게 말했다.

"판사가 소문에 근거해서 이혼을 승인할 수 있었던 유일한 이유는 그가 무능하거나 부패했거나 둘 중 하나다."

『비바』 잡지에 실린 이 인터뷰 때문에 판사가 화가 났고 왕가리는 6개월간 투옥된다.

이혼 이후 음왕기는 더 이상 왕가리가 자신의 성을 쓰는 걸 원하지 않는다는 사실을 알린다. 이에 왕가리는 마타이(Mathai)라는 글자에 'a'를 하나 더 넣어 마-타이(Maathai)라는 이름을 쓰기 시작한다. 새로운 마타이가 된 왕가리 무타 마타이는 이제 그 누구도 아닌 자신의 신념에 따른 삶을, 케냐 여성들의 보다 나은 삶을 위해 살기로 결심한다. 이혼과 투옥으로 케냐의 법이 케냐인 모두를 위한 법이 아니라 가진 자의 법임을, 케냐의 여성들이 얼마나 차별당하는지를 온몸으로 느꼈기 때문이다.

한 그루의 나무에서 푸른 숲을 상상하다

"말랑말랑한 이게 뭐야?"
"개구리 알이잖아. 개울가에서 흔히 볼 수 있어."

왕가리는 어린 시절에 집 앞 냇가에서 수없이 많은 개구리 알을 보았고 그 알들에서 나온 힘차게 꿈틀거리는 올챙이를 보며 자랐다. 케냐의 산자락에 있던 마을은 충분한 비와 깨끗한 식수, 과일과 견과류가 넘쳐 났다. 하지만 이 모든 것은 오래가지 않았다. 유럽인들이 천연자원을 개발한다는 명목으로 숲의 나무를 베어 냈고, 영국으로부터 독립한 케냐 정부는 숲을 밀어내고 그 위에 건물을 지었다. 초대 대통령 조모 케냐타가 세상을 떠나자 부통령이었던 다니엘 아랍 모이는 정권을 장악했다. 모이 정권은 자신들의 정책에 반대하는 사람들을 숙청하거나 고문했으며, 엄청난 뇌물을 받았고 전기, 철도 등과 같은 공공사업 분야까지도 부정부패가 만연했다.

부패한 정권이 파괴한 숲은 힘없는 국민들의 삶을 피폐하게 만들었다. 나무가 없으니 땔감을 구하기 힘들었고, 땅은 점점 메말라 갔다. 토종 나무는 베어지고 돈이 되는 차나무나 커피나무가 심어졌다. 토종 나무들이 사라지자 자연의 균형이 깨졌고 비도 예전처럼 내리지 않았다. 비가 오지 않으니 식수를 구하기도 힘들어졌다. 그때 왕가리는 케냐 전 지역에 퍼졌던 소 진드기 열병을 연구하러 농촌을 돌아다녔는데, 숲과 함께 파괴된 사람들의 삶을 보며 고민했다.

'여성들이 좀 더 깨끗한 식수와 땔감을 구하고 자녀에게 제대로 된 음식을 먹이고, 가난에서 벗어날 수 있는 방법이 무엇일까.'

이혼 전 음왕기는 일자리를 약속하며 국회의원에 당선되었지만 막상 당선이 되자 자신의 공약을 모른 척했다. 이를 안타깝게 여긴 왕가리는 평소 고민을 바탕으로 나무를 심어 주는 회사인 '인바이러케어'를 차렸다. 인바이러케어는 음왕기의 선거구에 있는, 일자리를 필요로 하는 빈민들을 고용해서 부유한 사람들의 정원을 관리하는 일을 하려 했지만 제대로 운영되지 않아 사라지고 말았다. 하지만 왕가리는 포기하지 않았고 케냐여성위원회 집행위원회 위원이 되고 나서 다시 나무를 심을 생각을 한다.

"케냐 국민 한 사람, 한 사람이 모두 나무를 심을 수 있다면 케냐의 푸른 숲을 다시 찾을 수 있을 거예요."

그녀의 이런 생각이 바로 황폐한 케냐의 숲을 살린 프로젝트의 시작이었다. 처음에는 산림청에서 묘목을 지원받았지만 점점 그 양이 많아지자 산림청은 묘목값을 요구했고 자금이 부족했던 케냐여성위원회는 다른 방법을 찾아야만 했다.

"그래, 우리는 모두 농사를 지을 수 있잖아. 개인이 직접 마을 주변에 묘목을 심게 하는 거야. 그리고 어느 정도 성장한 묘목을 숲이나 정원으로 옮겨 심을 때마다 그녀들에게 돈을 주는 거야."

왕가리는 묘목을 지원받아 운송하고 심는 대신 개인이 직접 마을 주변에서 토종 종자를 찾아 묘목으로 길러 심으면, 그 묘목의 대가로 4센트 정도의 돈을 지불할 방법을 생각해 냈다. 나무와 함께 농촌 여성들의 삶도 조금씩 성장했다. 이렇게 시작된 왕가리의 나무 심기 운동은 그린벨트 운동으로 확산된다. 이렇게 한 그루의 나무가 숲이 될 수 있었다.

무엇을 잃어버렸는지도 모를 아이들이 생기지 않도록

"50년이 지난 지금 그 냇가는 점점 말라 가고 있고, 물도 깨끗하지 않아 마실 수 없게 되었습니다. 이대로 간다면 아이들은 자신들이 무엇을 잃어버렸는지도 모르게 될 것입니다. 올챙이가 살 곳을 회복해 주고 우리 아이들에게 아름답고 경이로운 세상을 전해 주어야 하는 것이 바로 우리의 도전인 것입니다."

2004년 노벨 평화상을 받은 왕가리의 수상 소감이다. 평생을 나무와 숲을 지키기 위해 노력한 왕가리의 모습에서 폭력에도 굴복하지 않는 그녀의 용기와 작은 나무가 큰 숲이 되기까지 기다리는 인내를 볼 수 있다.

'무엇을 잃어버렸는지도 모를' 미래와 미래의 아이들을 염려하며 자신의 온 삶을 던진 왕가리. 그런데 지금 우리는 그녀가 그토록 지키려고 했던 그 무엇을 지켜 가기 위해 무엇을 하고 있을까? 엘리베이터 대신 계단을 이용하고, 승용차보다는 대중교통을 이용하고, 샤워할 때 물을 잠가야 한다고 생각하면서도 "나 하나 아껴 쓴다고 뭐가 달라지겠어!"라는 말로, 실천하지 못하는 자신을 합리화하고 있는지 돌아보아야 하지 않을까?

노 임팩트 맨

작가이자 환경 운동가인 콜린은 1년간 가족과 함께 지구에 아무런 영향을 주지 않는 생활을 실험하는 프로젝트를 시작하기로 결심했다. 그것도 무려, 뉴욕에서! 이 프로젝트는 텔레비전을 버리고 쇼핑을 끊고 대중교통을 이용하면서 시작된다. 아파트인 집까지 걸어서 올라오고 지역에서 나는 농산물만 먹으며 이제 막 두 살이 된 딸아이의 일회용 기저귀는 천 기저귀로 바뀌었다. 하필이면 피자가 종이 상자에 담겨 있는 바람에 사 먹을 수도 없다. 하지만 이 프로젝트를 하면서 그들은 얼마나 불필요한 쓰레기가 만들어지고 버려지는지를 깨닫는다. 과연 1년 동안 지구에 아무런 영향을 미치지 않는 삶이 가능할까?

다큐멘터리 〈노 임팩트 맨〉은 콜린과 그의 아내 미셸, 딸아이인 이자벨라가 살아온 1년간의 기록이다. 실수와 다툼이 있지만 이 과정을 통해 이들은 새로운 생활 방식을 습득하게 된다. 일회용품 없이도, 샴푸 없이도, 화장지 없이도 살 수 있는 방법을 말이다. 그들의 시도는 우리에게 '내가 시도하려는 사람인가, 아닌가?' 하고 묻게 만든다.

〈노 임팩트 맨〉, 로라 가버트 · 저스트 쉐인 감독, 2009

우리는 환경이나 기후 등에 대해 우려하고 달라져야 한다고 말한다. 하지만 그 변화를 이끄는 일은 나와 멀리 떨어진 일처럼 여긴다. 〈노 임팩트 맨〉이나 왕가리 무타 마타이의 삶은 생각과 계산으로 따져 보기보다 먼저 행동해 볼 것을 권한다. 최소한의 노력이라도 기울이며 시도할 것인가, 아닌가?

Story 6

내 생애 가장 자유로운 90분●

— 아프가니스탄 최초 여성 축구단

'No Woman, No Peace'

축구를 두고 흔히 90분간의 각본 없는 드라마라고 한다. 시합의 결과는 종료를 알리는 휘슬을 불기 전까지 알 수 없고 그 시간만큼은 그라운드에서 뛰고 있는 각 팀의 11명 선수들 이외에는 어떤 누구도 함부로 그곳을 침범할 수 없다. 이런 까닭에 어떤 이들에게 그라운드는 가장 자유로운 곳이 될 수 있다. 비록 제한 시간이 90분일지라도 말이다.

● 최초의 여성 축구단의 실화를 바탕으로 쓰인 아위스타 아유브의 『내 생애 가장 자유로운 90분』의 제목을 그대로 옮겨 왔으며 이 책에서 가명으로 처리된 인물은 가명 그대로를 옮겨 옴.

남자들만의 운동

머리카락부터 발끝까지를 검은 천 속에 숨기고 얼굴의 반 이상을 가리고 눈만 드러낸 이슬람 여성들을 본 적 있을 것이다. 옷을 벗고 있어도 더울 나라에서 검은색으로 몸을 가린 여성들이라니! 그런 나라에서 여자가 축구를 하겠다고 나섰다. 감히, '남자들의 운동'을 하겠다고 말이다.

"나지브! 이리로 패스해야지!"

"타리크! 슛! 골!"

로비나는 오빠 나지브의 발끝이 공을 따라 움직이는 모습을 보며 '나도 해 보고 싶다.'라고 생각한 지 오래다. 하지만 무너진 건물 사이에서 흙먼지를 일으키며 축구를 할 수 있는 사람은 오로지 '남자들'뿐이라는 걸 로비나는 알고 있다.

로비나는 엄마가 가정부로 일하는 집에서 얻어 온 텔레비전을 통해 본 세계 여러 나라 선수들의 현란한 모습에 마음을 빼앗기고 말았다. 탈레반이 사라지고 여자들이 다시 학교에 다니게 되면서 로비나는 아쉬아나라는 비정부기구의 배움터를 다니게 되었다. 배구팀에서 뛰어난 실력을 보이던 로비나에게 어느 날 두에인이라는 미국 사람이 찾아왔다.

"네가 로비나니?"

"네."

"축구를 좋아한다고 들었는데 왜 축구를 하지 않지?"

"아프가니스탄에서 축구는 남자들만의 운동이에요. 여자들은 배구를 해요."

"앞으로는 그렇지 않을 거다. 부모님의 허락을 받고 나와 축구를 해 보지 않겠니?"

"네!"

두에인의 제안으로 로비나는 아프가니스탄 센터에서 매주 축구를 하게 되었다. 남자들의 공간인 초록 그라운드를 밟은 것만으로 행운이라 여겼던 자신에게 다가오고 있는 또 하나의 기회인 미국행은 알지도 못한 채 말이다. 2004년 6월 18일, 아프가니스탄 사람으로 어릴 때 미국으로 이민 온 아위스타 아유브는 여덟 명의 소녀들을 '아프간 청소년 스포츠 교환 프로그램(AYSE)'에 초대한다. 2001년 9월 11일, 평화로운 아침을 깬 이들의 만행으로부터 아프간을 구하기 위해서.

무엇을 할 수 있을까?

2001년 9월 11일, 여느 날처럼 뉴욕의 중심가에 위치한 세계무역센터로 출근하는 사람들의 손에는 모닝커피 한 잔이 들려 있었다.

"좋은 아침이야!"

"응. 좋은 아침!"

밤사이 안부를 서로 묻는 순간, 거대한 비행기가 날아와 건물을 뚫고 지나갔다. 평화롭던 아침은 순식간에 사라지고 두려움과 공포의 아침이 되었다. 전 세계는 경악했고 분노했으며 만행을 저지른 이들을 비난했다. 오사마 빈 라덴이 이끌던 테러 조직 알 카에다가 아프가니스탄에 훈련 캠프를 두고 있던 까닭에 아프가니스탄은 미국의 공습으로부터 자유로울 수 없었다.

파키스탄과 이란, 옛 소련 사이에 위치한 아프가니스탄은 1991년부터 2001년 10월 미국이 탈레반을 축출할 때까지 탈레반의 지배하에 있었다. 탈레반은 남자들이 구레나룻을 면도하는 것을 금지했고, 음악도 금지했으며, 결혼식 때 춤을 추는 것도 금지했다. 여자들은 가까운 남자 친척을 동반하지 않고는 집 밖으로 나갈 수 없었고 여자 학교들은 모두 폐교했다. 새로운 법률을 위반한 이들은 공개적으로 처벌받았다. 처형 장소는 1923년 완공된 이래 수많은 남자 축구 국가 대표팀의 경기와 국가적인 행사가 열리던 아프가니스탄 카불의 가지 주경기장이었다.

아위스타 아유브는 아프가니스탄계 미국인이다. 그녀는 아버지를 따라 미국으로 망명했고 9·11 테러가 있기 전까지 아위스타는 아프가니스탄계 미국인으로 아프가니스탄을 종종 잊으며 살았다. 하지만 이제 그녀는 고국을 잊을 수 없게 되었다. 세계인의 분노가 쏟아지는 땅이 바로 자신의 고향이었기 때문이다.

그녀는 9·11 테러를 계기로 아프가니스탄을 위해 무엇을 할 수 있을까를 고민하기 시작한다. 그녀의 고민은 2004년 '아프간 청소년 스포츠 교환 프로그램(AYSE)'으로 구체화된다. 왜 스포츠를 후원하기로 결심했는지에 관해 정확히 알려진 바는 없다.

'아프간 소녀들을 미국으로 초대하는 거야. 6주 동안 지내면서 스포츠를 집중적으로 훈련시키는 거지. 종목은 남녀를 불문하고 즐길 수 있는 축구로 하면 되겠다. 넓은 공간과 공만 있으면 준비 끝!'

그녀는 이 기획을 후원해 줄 곳을 찾아다니며 제안서를 냈다. 뉴욕에 기반을 둔 아프가니스탄 비영리 재단인 '아프간 커뮤니케이터'가 이를 후원하기로 했다. 하지만 이때까지도 아위스타가 전혀 몰랐던 사실이 있다. 그건 바로 아프가니스탄에 여자 축구팀이 단 하나도 없었다는 사실이다.

아프가니스탄에서 여자가 축구를 한다는 것은

카불의 가지 주경기장에서 소녀들로 이루어진 축구팀이 연습을 시작했다.

"이쪽으로 패스!"

"집중해. 흩어져서 막으라고."

"슛! 골!"

소녀들은 소리치며 공을 따라 달리고 있었다. 그때 공이 터치라인 밖으로 휙 날아갔다. 왈리자다 코치와 함께 걷고 있던 아리아나는 순간적으로 공을 잡고 능숙하게 드리블했다. 아리아나는 강력한 킥으로 공을 운동장으로 되돌려 주었다.

소녀들은 아리아나를 향해, "너, 축구 좀 하는구나!"라고도 했

저는 아프가니스탄의 여성들을 위해 계속 싸울 것입니다.
또 꿈이 하나 있다면, 아프가니스탄의
여자 축구팀이 월드컵에 참가하는 것입니다.

고, "축구는 여자가 하기에 적절한 운동이 아니야!"라고 하기도 했다.

아리아나는 그들을 향해 반박했다.

"왜? 나도 너희들처럼 눈, 코, 입이 다 있어. 두 다리도 있고 말이야. 왜 하면 안 되는 거지?"

하지만 아프가니스탄에서 여자가 축구를 한다는 것은 비난을 감수해야 함을 뜻했다. "결혼할 때 축구가 무슨 도움이 되겠니?", "넌 왜 다른 여자아이들처럼 행동하지 않니?"와 같은 말들과 함께 말이다.

2001년 탈레반이 축출되자 피난을 갔던 많은 아프가니스탄 난민들이 고향으로 돌아왔다. 여학생들은 다시 학교를 다니기 시작했고 금지되었던 운동도 했다. 아프가니스탄에서 배구는 여자들에게 허락된 운동이었고 축구는 그렇지 못했다. 현실적으로 탈레반의 영향력에서 완전히 벗어나지 못했기 때문이었다. 이후 탈레반 세력이 점차 약해졌고, 2004년 아프가니스탄의 축구협회는 전직 국가 대표 선수이자 축구 지도자로 활동하고 있던 왈리자다와 아프가니스탄 올림픽위원회에서 여자 스포츠를 담당하고 있던 샴시 하야트에게 여자 축구팀을 만들고 지도할 것을 지시했다.

왈리자다는 여자들이 축구를 하는 데는 반감이 없었지만 자신이 여자들을 지도하는 일에는 관심이 없었다. 그런데 여자 축구팀을 감독하라니! 더욱이 '누가 남자들만의 운동인 축구에 관심을 가질 것인가?' 하는 고민까지도 깊어졌다. 하지만 이 고민은 금세 해결되었다. 모두가 반대하는 그 운동에 관심을 가지고 참여했던 여덟 명의 소녀가 바로 아프가니스탄에 있었다. 바로 2004년 6월, 아위스타가 기획하고 제안했던 '아프간 청소년 스포츠 교환 프로그램'에 참여한 소녀들이었다. 아리아나는 그중의 하나였다.

아리아나를 포함한 이 여덟 소녀들이 바로 여자에게 축구가 적절하지 않다는 나라에 축구를 퍼트리게 될 작은 씨앗들이었다. 이후 이 씨앗은 2005년 12월 23일 남자들의 무대였던 가지 주경기장에서 열린 힌두쿠시 여자 축구 결승전에서 우승을 차지할 정도로 성장했다. 미국으로 캠프를 떠났던 여덟 소녀 중 로비나, 라일라, 프레슈타, 사미라는 아프가니스탄 여자 축구 국가 대표가 되었다.

아프가니스탄에서 축구를 한다는 것은 금지된 구역 안으로 들어가는 것과 마찬가지다. 지도자였던 왈리자다는 괴한으로부터 습격을 받기도 했으며 축구를 하는 딸을 둔 가정은 다른 사람들의 손가락질을 받아야 했다. 탈레반 정권의 지배하에서 아프가니스탄의 사람들은 '여자가 하면 안 되는 일'들을 정했고, 그들이 물러갔음에도 정해진 틀을 벗어나려 하지 않았다. 그런 까닭에 여자가 축구를 한다는 것은 아프가니스탄에서 여성의 자유와 권리를 찾는 목소리이기도 했다. "왜? 왜 하면 안 되는데?"는 금지된 것들에 대한 저항의 목소리니까 말이다.

"사랑하는 조국을 떠나는 결정을 내리는 일은 무척 어려운 일이었습니다. 하지만 싸움을 포기하지 않았습니다. 저의 꿈도 포기하지 않았죠. 저는 아프가니스탄의 여성들을 위해 계속 싸울 것입니다. 또 꿈이 하나 있다면, 아프가니스탄의 여자 축구팀이 월드컵에 참가하는 것입니다."

미국으로 캠프를 떠났던 여덟 소녀 중의 한 명이었을 칼리다 포팔이 2017년 5월 국제축구연맹 회의에서 한 말이다.

그녀는 2004년 16세에 축구를 시작했고 아프가니스탄 첫 여자 국가 대표팀의 주장이었다. 하지만 지금 그녀는 아프가니스탄을 떠나 덴마크에 있다.

"아프가니스탄을 부끄럽게 하지 말라."

사람들의 협박과 위협 때문에 칼리다 포팔은 자신의 나라를 떠나야 했다. 아프가니스탄과 파키스탄 접경 지역에 땅굴을 파서 덴마크로 정치적 망명을 하기까지 그녀는 죽음의 공포와 맞서야 했다. 이제 그녀의 삶은 예전에 비해 안전해졌지만 칼리다는 아프가니스탄의 여성들을 포기하지 않았다. 그녀는 사람들을 만나 아프가니스탄에서 살아가고 있는 여성의 삶을 이야기하고 금기되었던 운동, 축구에 대한 이야기도 한다. 작은 공 하나로 하는 축구가 억압받는 이들의 삶을 고발하고 현실을 바꿀 수 있으리라 믿는다.

칼리다 포팔은 한 매체와의 인터뷰에서 우리에게 묻는다.

"제가 처음 축구를 시작했을 때만 해도 몇몇의 소녀들만이 축구를 했지만 지금은 수도 카불이 아닌 다른 지역을 포함하여 2천~3천 명의 여성들이 축구를 하고 있어요. 하지만 이 소녀들의 안전은 누구도 장담할 수 없습니다. 아프가니스탄에서 소녀는 학교에서 독살을 당하고 거리에서 괴롭힘을 당하거든요. 우리 사회에서 축구는 남성의 게임으로 알려져 왔습니다. 그래서 여자가 축구를 하면 남자와 여자가 동등한 권리가 있음을 알릴 수 있습니다. 남자가 축구를 할 수 있다면 여자는 왜 안 될까요?"

도대체 왜 안 되느냐는 칼리다 포팔의 질문에 우리 모두가 응답해야 하는 것 아닐까? 괜찮다고, 되는 거라고, 함께 응원하겠다고 말이다.

우리 생애 최고의 순간

핸드볼은 축구와 달리 손으로 공을 던져 골대 안에 넣는 스포츠다. 우리나라는 1988년 서울 올림픽과 1992년 바르셀로나 올림픽에서 금메달을, 1996년 애틀랜타 올림픽과 2004년 아테네 올림픽에서 은메달을 땄다. 시합마다 좋은 성적을 거둔 까닭에 사람들은 올림픽 시즌이면 잊었던 추억을 되살리듯 여자 핸드볼 경기에 기대를 건다. 하지만 정작 올림픽 시즌이 아닌 수없이 많은 날들 중 핸드볼 게임을 텔레비전에서 챙겨 보는 사람은 없다. 2004년 아테네 올림픽 결승전에서 우리와 승부를 겨루었던 덴마크와는 매우 대조적이다.

덴마크에서는 여자 핸드볼이 나라를 대표하는 운동 경기지만 우리나라에서는 비인기 종목일 뿐이다. 국가적 지원과 선수들에 대한 대우를 비교하자면 피파 랭킹 1위 팀과 조기 축구팀 수준 정도라 해도 틀렸다 할 수 없을 만큼 우리나라의 현실은 열악했다. 2004년 우리나라에는 겨우 8개의 여자 핸드볼팀이 있었으며 국가 대표를 선발할 때 선수가 모자라서 은퇴한 선수가 복귀하기도 했다. 소집 후 연습 기간은 단 8개월, 그럼에도 세계 최강

〈우리 생애 최고의 순간〉, 임순례 감독, 2007

인 덴마크를 맞아 2시간이 넘는 접전, 2번의 연장전, 승부 던지기 끝에 겨우 승부를 낼 수 있었던 것은 선수 개인의 훌륭한 실력과 정신력 덕분이라고밖에 설명할 수 없다.

이렇게 그녀들은 아무도 열광하지 않는, 잠시 환호했다 사라지는 신기루 같은 이 종목에서 묵묵히 자신들의 목소리를 냈다. "우리나라엔 여자 핸드볼팀이 있다."고 말이다. 〈우리 생애 최고의 순간〉은 바로 2004년 아테네 올림픽에서 은메달을 딴 그녀들, 인기 종목의 선수들과 달리 가난하고 인정받지 못하는데도 묵묵히 자신의 삶을 버텨 나간 이들의 이야기다.

운동은 몸으로 하는 언어다. 아프가니스탄의 여자 축구 선수들이나 우리나라의 여자 핸드볼 선수들이 한 것은 단지 운동이 아니라 자신들의 삶을 표현하는 언어였다. 남자와 여자의 불평등을, 인기와 비인기의 설움을, 하나의 공에 실어 힘껏!

Story 7

한 걸음, 한 걸음 옮기다 보면

— 다베이 준코

산에 관심도 없고 오를 생각도 없는 사람들도 세계에서 가장 높은 산이 에베레스트라는 정도는 안다. 에베레스트는 인도의 북동쪽, 네팔과 티베트 국경에 솟은 히말라야 산맥의 최고봉으로 티베트 말로는 초모랑마(세상의 어머니), 네팔 말로는 사가르마타(하늘의 여신)로 불렸다. 산과 가까이 살던 사람들이 경외의 뜻을 붙여 부르던 산의 이름이 어느 날 바뀌었다. 인도가 영국의 식민지였던 1892년, 지도를 만드느라 히말라야 봉우리를 삼각측량하던 앤드류 워가 '피크 15'로 불리던 가장 높은 봉우리에 조지 에베레스트라는 전임 측량국장의 이름을 붙인 것이다. 이 일은 측량이 목적이었던 인간이 산 앞에서 경외심을 잃은 모습이자 인간의 자만이 고스란히 드러나는 사건이다.

여성 원정대, 절대 정상을 향해

"이번 등반은 에베레스트로 합시다."

다베이 준코(1939~2016)의 말에 여성 산악회 회원들은 깜짝 놀랐다.

"네? 에베레스트요? 농담 말아요. 우리가 안나푸르나에 성공했지만 아직 경험 부족이에요. 7000m 정도 높이의 산에 더 적응해야 한다고요."

"아니에요. 안나푸르나의 3봉을 모두 성공했으니 이제 더 높은 산을 선택해야 해요. 우리에겐 에베레스트에 대한 정보가 많아요."

에드먼드 힐러리가 에베레스트를 등반한 이후, 아니 이전에도 에베레스트는 남자들의 산이었다. 투명한 유리 너머에 존재하는 산, 그곳이 바로 에베레스트였고 아직 등반에 성공한 여성은 아무도 없었다. 그런 탓에 사람들은 반대했지만 준코의 결정과 설득으로 에베레스트로 향한 준비가 시작되었다. 준비 기간 5년, 네팔에 등반 허가를 받는 데 1년 반, 계획을 수립하는 데 3년 반이 걸린 원정 계획이었다.

"드디어 떠나네요."

대장인 히사노 에이코가 말했다.

대장 히사노 에이코, 부대장 다베이 준코와 등반대원들은 산소통부터 화장지까지 스스로 마련했다. 출발 직전 후원사를 만났으나 경비는 스스로 마련했다. 그녀들의 짐은 벌써 배편으로 인도를 거쳐 네팔 카트만두에 도착해 있었다.

작은 소녀에서 에베레스트 마마상으로

“엄마, 우리 그림을 그리러 산에 올라갔다 왔어요.”

“어머, 준코. 힘들지 않았니?”

“엄청 힘들었죠. 그런데 막상 산에 올라가니까 너무 좋은 거예요. 두 발로 천천히 가면 끝까지 올라갈 수 있다는 게 너무 신기했어요.”

“그렇지. 산은 아무리 천천히 오르더라도 멈추지 않으면 계속 오를 수 있지.”

“엄마, 그리고 산이 말이에요, 화산토로 이루어진 시커먼 산이었어요. 다른 산은 어떤 모습일까요?”

준코는 어릴 때 몸이 약하고 겁이 많은 소녀였다. 그렇지만 산은 키 작은 준코라도 한 걸음씩 옮기다 보면 끝까지 올라갈 수 있다는 믿음을 주었다. 선생님과 함께 올라갔던 산이 화산토로 덮인 검은 산이라는 걸 알게 된 준코는 다른 산들도 궁금해졌고, 이런 호기심은 준코의 발걸음을 산으로 향하게 했다. 이후 준코는 열 살이나 많은 오빠를 따라 꾸준히 산에 올랐고 고향을 떠나 도쿄에서 대학을 다니면서도 친구들과 함께 산을 올랐다.

“준코, 너 지금까지 일본의 산 몇 개를 오른 것 같니?”

“한 2천 개쯤.”

산의 매력에 빠진 준코는 하나하나 산을 오르더니 대학을 졸업할 무렵에는 무려 2000여 개 이르는 산을 등반했다. 스물두 살, 쇼와 여자 대학 영문학과를 졸업한 준코는 본격적으로 등반을 하기 위해 사회인 산악회에 들어갔고 암벽과 빙벽 등반을 배웠다. 여기서 준코는 다베이 마사노를 만나 결혼한다. 등반 문화가 발달된 일본에서 산악회 활동은 낯선 것이 아니었지만 아직 여성들만의 산악회는 없었다. 준코는 사람들에게 제안한다.

"우리 여성들만의 산악회를 만드는 게 어때요?"

이렇게 1969년 여성들만의 산악회(LCC · Ladies Climbing Club Japan)이 설립되고 그해 준코와 히라카, 히로코는 안나푸르나 3봉(7577m) 정상에 올랐다. 겁도 많고 허약했던 소녀는 7000m가 넘는 높은 정상에서 더 높은 곳을 바라보고 있었다.

결혼을 하고 아이를 낳았지만 준코는 등반을 멈추지 않았다. 에베레스트 등반을 결정하고 훈련에 들어갔을 때 이제 막 말을 배우기 시작한 딸이 물었다.

"엄마, 이번에는 어떤 산으로 가는 거예요?"

"이번에는 에베레스트란다. 세계에서 가장 높은 산이지."

"와! 대단하다."

"만약 엄마가 성공한다면, 여자로서는 처음으로 그 산의 정상을 밟는 거란다."

"엄마는 할 수 있을 거예요. 그래서 밤마다 달리기도 하는 거지요?"

"응, 에베레스트는 너무 높은 산이어서 숨을 쉬기 힘들 수도 있거든. 그때를 대비하는 거야."

준코는 밤마다 달렸다. 처음엔 4km만 뛰어도 힘들었지만 두 달이 지나자 8km를, 나중에는 하룻밤에 19km를 달릴 수 있게 되었다. 꿈을 위해 노력하는 엄마를 지켜본 세 살 딸아이는 엄마를 '에베레스트 마마상'이라고 불렀다. 준코는 더 이상 150cm의 작은 소녀가 아니었다. 그녀는 세계에서 가장 높은 산에 올라갈 에베레스트 마마상이었다.

유리 천장은 없다

1975년 5월 4일, 0시경. 에베레스트 6500m 지점. 우르르르 쾅!

깊은 어둠 속에서 엄청난 굉음과 함께 쏟아진 눈 아래 준코는 아무 대비도 못 한 채 깔려 버리고 말았다.

"준코! 준코!"

눈사태를 피한 셰르파들은 준코와 대원들의 이름을 외치며 눈에 깔린 사람들을 구했고, 드디어 15명의 대원 모두가 캠프에 모였다.

"안 돼. 이대로는 무리야. 그만 내려가야 해. 준코 당신은 다리도 다쳤잖아!"

캠프의 사람들과 함께 온 취재원들은 포기하고 하산하자고 말했다. 언제 다시 눈사태가 일어날지 모른다는 두려움 때문이었다.

"아니에요. 다리는 이제 움직일 수 있어요. 올라가겠어요!"

'이제 끝이겠지?' 마지막 고지를 넘었다고 생각하는 순간 에베레스트는 새로운 봉우리를 보여 주는 힘겨운 곳이었다. 하지만 준코는 포기할 수 없었다. 아니, 할 수 있을 것 같았다. 결국 다베이 준코는 셰르파 앙 체링과 함께 '마지막 공격대'로 결정되었고 20kg가 넘는 산소통과 짐을 짊어진 준코와 체링은 다시 눈길 위를 걸었다. 등반을 시작한 지 열흘이 지난 5월 14일, 다베이 준코와 셰르파 앙 체링은 눈을 헤치고 제4캠프를 출발하여 오후 늦게 7980m 지점의 사우스콜에 닿아 제5캠프를 세웠다.

"이곳에서 마시는 마지막 커피가 되겠어요."

준코와 셰르파는 커피 세 잔씩을 마시고 나설 준비를 했다. 5월 16일 새벽 5시 50분이었다.

"행운을 빌어요."

휘이익, 쉬이익! 바람이 거세게 불었고 심장은 터질 것만 같았다. 셰르파와 준코는 서로의 눈발을 막아 주며 걷다 쉬다를 반복해야만 했다. 12시 30분.

"다베이 준코, 정상이에요."

앞서가던 앙 체링이 말했다.

"여기는 정상이다."

준코는 캠프에 남아 자신을 기다리던 대원들에게 무전으로 소식을 전했다. 다베이 준코는 여성으로서는 최초로 에베레스트의 정상을 밟고 있었다.

1975년, 유리 너머에 존재했던 에베레스트의 정상에 다베이 준코는 섰다. 유리 천장은 사라졌고 더 이상 에베레스트도 남자들만의 산이 아니게 되었다.

함께 걸을 수만 있다면

"후쿠시마는 어떻게 되는 거예요?"

2011년 3월 11일, 후쿠시마를 흔들고 덮친 쓰나미의 물결을 본 사람들은 누구 할 것 없이 걱정했고 두려워했다. 집을 삼켜버릴 만큼 커다란 파도와 자동차보다 더 빠른 속도로 밀려오는 물결 앞에 인간은 도망치는 것 이외에 할 수 있는 게 없었다. 그나마 달아나서 목숨을 건진 사람들은 행운이었다고 해야 할 정도였다. 수십만 명의 사람들이 집과 사랑하는 가족을 잃었다. 이후 쓰나미의 여파로 물에 잠긴 원자력 발전소의 연료봉 노출, 수소 폭발로 방사능 물질이 외부로 유출되었다. 바다는 잠잠해졌지만 사람들은 집으로 돌아갈 수 없었다. 이제 그곳은 죽음의 땅이 되었다.

후쿠시마가 고향인 다베이 준코는 피난소에서 무기력하고 우울감에 빠져 있는 사람들을 만났다. 그녀는 자신이 할 수 있는 일을 생각해 냈다. 바로 '함께 걷는 일'이었다. 피해를 입지 않은 지역의 호수와 오솔길 등을 따라 함께 걷는 것, 그것이 전부였지만 신청자는 많았다.

"선생님, 남편이 지진 이후 한 번도 나가지 않고 피난소에만

©Jaan Künnap

박혀 있었어요. 그런데 트래킹에 나와서 너무 기뻐했어요. 정말 감사해요."

"너무나 우울했는데 걷다 보니 앞으로 어떻게 살아야 할지를 고민하게 되었어요."

자연 속을 함께 걷는 것이 전부였지만 준코와 함께 걸은 이들은 우울함을 이겨 낼 힘을 얻었다. 다베이 준코는 이 경험을 바탕으로 고등학생들을 대상으로 하는 '후지산에 오릅시다'라는 프로젝트를 시작한다. 자원봉사자, 후원, 산을 좋아하는 사람들의 도움으로 진행된 이 프로젝트의 첫 등반에 60명의 학생들이 지원했다. 3776m의 후지산은 후쿠시마의 학생들에겐 높기만 한 산이었다. 2500m쯤에는 힘들다는 하소연이 터져 나왔다.

"선생님, 힘들어요. 더 이상 못 가겠어요."

"숨을, 숨을 쉬기가 힘들어요."

처음으로 높은 산을 경험한 학생들이 포기를 이야기할 때 준코는 격려했다.

"아니야. 갈 수 있어. 숨을 천천히……. 그렇지, 아주 잘하고 있어."

전원이 후지산의 정상을 밟고 하산할 때 아이들은 활기를 되찾았고 이렇게 고백했다.

"아버지가 쓰나미에 휩쓸려 실종되었습니다. 아버지의 유품은 휴대전화 하나였죠. 오늘 이 전화를 주머니에 넣고 산에 올랐습니다. 아버지와 함께 오르는 기분으로요. 그런데 정상을 눈앞에 두고 너무 힘들어 주저앉고 싶었어요. 바로 그때 주머니에 있던 휴대전화가 저를 툭 치더라고요. 그래서 힘을 내게 되었고 정상을 밟을 수 있었어요."

"잠깐 멈추면 앞사람과 멀어지게 돼요. 한 학생이 지쳐서 걷기를 포기하고 있는데 난생처음 보는 아이가 손을 내밀어 주는 거예요. 자기도 힘들었을 텐데 말이에요. 그때 알았어요. 제가 혼자가 아니라는 걸 말이에요."

함께 한 걸음을 옮기는 것, 그것이 준코가 아이들과 한 전부였다. 항암제를 먹으며 투병 중에도 아이들과 산을 올랐다. 겁먹지 말고 하고 싶은 대로 사는 것이 중요하다고 말했던 준코는 죽음

앞에서도 당당히 자신의 길을 걸었다. 2016년 7월, 후쿠시마의 아이들과 함께했던 후지산 등반이 그녀의 마지막 산행이었다. 3010m의 산장에서 그녀는 정상으로 향하는 아이들에게 생의 마지막 말을 전했다.

"힘들어도 한 걸음씩 오르다 보면, 일본에서 가장 높은 봉우리에 닿을 수 있어."

그날 함께한 93명의 아이들 모두 정상을 밟았다.

히말라야

"산에 오르면 뭔가 인생의 길이 보이고 깨달음을 얻을 것 같죠? 7000m 오르면 어렵던 문제가 풀릴 것 같고 8000m 오르면 득도할 것 같고요. 하지만 아무 생각도 안 듭니다. 그냥 나를 만나게 됩니다. 민낯의 나를 만나죠. 사람들은 어쩌면 한평생 자기를 못 만날지도 모릅니다."

영화 〈히말라야〉에 등장하는 엄홍길 대장의 말이다. 그는 우리나라를 대표하는 산악인으로 세계 최초로 8000m대 봉우리 16개에 올랐다. 목표를 달성하기까지 22년이 걸렸고 38번 도전했고 그 과정에서 후배 6명과 셰르파 4명을 잃었다.

영화 〈히말라야〉는 바로 엄홍길 대장이 후배 박무택의 시신을 찾기 위해 에베레스트에 올랐던 실화를 바탕으로 한다. 산악인 박무택은 2004년 에베레스트 정상에 올랐다가 하산하던 길에 숨졌다. 엄 대장은 함께 산을 오르고 산을 사랑했던 자신의 후배를 잊지 못해 2005년 3월 14일, 오로지 그의 시신을 수습하기 위한 원정대를 꾸려 에베레스트로 향한다. 5월 29일, 뜻을 모아 출발한 원정대는 시신을 수습하는 데 성공했지만 박무택은 돌무덤이 되어

〈히말라야〉, 이석훈 감독, 2015

산에 남아야 했다.

영화는 이들의 이야기와 함께 인간에게 쉽게 곁을 내주지 않는 산을 담는다. 산을 정복하겠다는 박무택의 말에 산쟁이가 정복이라는 말을 하느냐고 일침을 가하는 엄 대장의 모습은 거대한 자연 앞에 선 인간의 존재에 대해 생각하게 만든다. 인간은 이 경이로운 자연 앞에서 무력함을 느끼지만 동시에 무한한 위로를 받고 진정한 자신과 만날 수 있게 된다.

다베이 준코가 절망 속의 사람들과 함께 산을 올랐던 이유도, 산이 주는 위로를 나누고 싶었기 때문 아니었을까?

Story 8

개인의 꿈과 겨레의 꿈을 하나로 엮어 내다

— 권기옥

땅을 둘러싸고 있는 하늘은 손을 뻗으면 닿을 것만 같아도 쉽게 닿을 수 없는 곳이다. 공기 정도가 땅에 서 있는 우리가 경험하는 하늘일 수 있다. 오래전 신들의 이야기가 전하듯, 산과 강, 바다가 불쑥불쑥 나오는 땅과 달리 드넓은 하늘은 종종 자유의 상징이 되곤 했다. 태양의 신 아폴론을 찾아온 아들 파에톤, 미노스 궁을 탈출하던 이카로스 역시 하늘의 드넓음을 꿈꾼 이들이다. 물론 이들의 최후는 처참했고 신의 영역을 탐하지 말라는 교훈을 인간에게 주었다.

하지만 시간이 흘러도 하늘을 탐하는 이들은 계속 생겨났다. 열기구, 비행기, 헬리콥터, 로켓 등이 만들어졌다. 스스로 날 수 없는 인간들의 도전이었다.

하늘에 대한 인간의 열망이 만들어 낸 비행기는 과학 기술의 결정체라 할 수 있다. 오늘날에도 그렇지만 과거에는 비행기를 가지고 있는 나라도, 비행기를 조종할 수 있는 사람도 많지 않았다. 그렇기에 하늘을 난다는 것은 특별함 이상의 의미였다.

1913년 8월 29일 일본이 조선의 하늘에 비행기를 띄운 이유 또한 땅을 빼앗긴 조선인들에게 하늘도 제압한 자신들의 힘을 과시하기 위해서였다. 이제 조선의 땅과 하늘은 모두 자신들의 것이라는 선포였다. 8월 29일은 1910년 대한제국의 통치권을 일본에 양여한다는 내용의 한일병합조약을 체결하고 공포한 국치일이었기 때문이다.

"쇳덩어리가 하늘을 나는 게 말이 되간디?"

"왜 말이 안 되나?"

"기차도 달리지 않으메. 다 타고 다니는 것 아니겠슴메."

미국에서 왔다는 아트 스미스의 곡예비행이 평양에서 열리던 날, 열일곱 살의 권기옥(1901~1988)은 아버지와 함께 모란봉에 올랐다. 대부분의 사람들은 비행기를 처음 보았고, 굉음을 내며 하늘을 가로지르는 모습에 여기저기서 "아악" 소리와 "휴우" 하는 탄성과 안도가 쏟아졌다. 비행기는 고꾸라지다가도 다시 솟아올랐고 하얀 연기로 푸른 하늘에 'S-M-I-T-H'를 새겼다.

'조선의 하늘은 조선인이 날아야지. 내가 비행사가 되겠어.'

기옥은 스미스의 곡예비행을 보고 난 뒤 비행사가 되려는 결심을 하지만 현실을 알아 갈수록 꿈은 자꾸만 멀어지는 듯했다. 집안에서는 이미 기옥의 결혼에 관한 이야기가 돌고 있었다.

"결혼이라니요? 싫어요. 저는 공부를 더 하겠어요. 지금 학교를 마치면 숭의여학교 3학년에 들어갈 수 있어요."

"아니, 여자애가 무슨 공부니? 그만큼 했으면 되었지."

"여자라고 못 할 게 뭐예요? 저는 비행사가 되고 싶다고요."

"칫. 네가 비행사가 어떻게 된단 말이야? 남자들도 하기 어려운 일을. 게다가 지금은 나라까지 빼앗기고 없으니……."

"두고 보세요. 남자들이 못 하는 걸, 나라가 없어서 못 하는 걸, 제가 이룰 거예요. 나라를 되찾는 데 도움이 될 거라고요!"

상상하고 길을 찾다

"우리나라에도 국기가 있어요. 고종 황제가 직접 문양을 지시해서 일본으로 가는 배 안에서 신하들이 만든 거예요. 하지만 일본이 강점하고 난 뒤 태극기를 모두 불살라 버렸기 때문에 여러분 중에는 본 사람이 없을 거예요."

박현숙 선생님이 말했다. 숭의여학교를 다니던 기옥은 박현숙 선생님을 통해 난생처음 태극기를 보았다. 기옥과 친구들은 나무판에 태극기 문양을 새기고 찍어 냈다. 1919년 3월 1일, 숭덕학교 운동장에는 하얀 한복을 입은 1000명의 사람들이 모여들었다. 강규찬 목사가 단상에 올라가 고종 황제의 승하를 애도하는 말로 개회 선언을 했고, 김선두 목사가 단상에 올라가 독립선언서를 큰 소리로 낭독했다. 기옥과 친구들은 태극기를 군중에게 나누어 주었다.

"대한 독립 만세! 대한 독립 만세! 대한 독립 만세!"

숭실학교 남학생들이 학도가를 부르며 군중을 이끌었고 소복 차림의 숭의여학생들은 애국가를 부르며 한데 어울렸다. 평양 시민들 역시 이들과 함께 거리에서 나라의 독립을 외쳤다. 여기저기서 곤봉을 휘두르는 일본 경찰들이 있었지만 이들을 막을 수는 없었다. 하지만 이후 일본의 삼엄한 경비로 박현숙 선생님은 체포되었고 기옥 역시 끌려갔다. 단지 나라를 되찾으려 외친 독립 만세로 수많은 사람들은 다치거나 죽었다.

이후 기옥은 총이나 독립운동에 쓰이던 자금을 운반하기도 하면서 항일 운동에 더 적극적으로 가담했고 이어지는 투옥과 고문을 견뎠다. 일본의 수배 대상이었던 기옥이 가족들을 뒤로 하고 상하이로 망명한 것 역시 생명에 위협을 느껴서이다.

중국으로 건너간 기옥은 영어와 중국어를 배우기 위해 임시 정부의 추천장을 받아 항저우 홍타오 여학교에 입학한다. 스물한 살의 나이에 열서너 살의 소녀들과 함께 배웠고 남다른 노력으로 6년 과정을 2년 2개월로 줄일 수 있었다.

1920년 11월 임시 정부 의정원 의장인 손정도 목사의 집에 머물던 기옥은 자신의 꿈을 밝힌다.

"비행사가 되고 싶습니다."

"뭐라고? 비행사라고! 아직 우리나라엔 여자 비행사가 없소."

"네. 알고 있습니다. 하지만 꼭 비행사가 되고 싶습니다. 일본의 조선 총독부에 꼭 폭탄을 안기고 싶습니다."

"하지만 자네를 받아 줄 곳이……."

"일단 추천서를 써 주시면 제가 직접 가서 담판을 내도록 하겠습니다."

기옥은 당시 베이징 근처의 항공학교에 입학 원서를 냈지만 여자라는 이유로 거절당했다. 하지만 기옥은 포기할 수 없었다.

편견에 맞서다

"비행술을 배우러 왔다고?"

"네."

"이곳은 변방이라 오는 길이 쉽지 않았을 텐데 여자의 몸으로, 게다가 나라를 되찾겠다는 의지로 왔다는 게 사실인가?"

"그렇습니다. 저는 나라를 되찾는 데 기여하고 싶습니다. 그러기 위해서는 꼭 비행기 조종사가 되어야 합니다."

"그렇군. 하지만 남자들도 견디지 못하고 중간에 포기하는 것이 비행사가 되는 길이오! 한낱 여자의 몸으로 가능하겠소? 마음은 가상하나 돌아가시오."

"쉽게 포기할 것이라면 여기까지 오지도 않았습니다. 여자라고 할 수 없는 것은 아니라고 생각합니다."

윈난 항공학교까지의 긴 여정은 쉽지 않은 길이었다. 홍콩, 하이난, 베트남을 거쳐 왔고 배고픔과 노숙은 일상이었다. 나달나달하게 해진 신발과 초췌한 행색은 기옥의 여정을 고스란히 드러내고 있었다. 윈난성의 성장인 탕지야오는 기옥의 모습에서 감동을 받아 입학을 허가하고 기옥은 항공학교에 입학한 최초의 여학생이 되었다.

"왜 자꾸 괴롭히는 거요?"

"아니, 조선인 주제에 더구나 여자인 주제에 특혜를 받고 입학하다니. 우리 중국 돈을 왜 조선인을 위해 써야 하지?"

"일본이 조선의 적이지만 중국의 적이기도 하고 조선인이 일본에 저항하면 결국 중국에도 이득이 되는 거 아니야? 여학생인 내가 입학한 것은 특혜가 아니라 여성에 대한 차별을 없앤 거야. 앞으로 중국인 여학생들도 입학하게 될 거라고! 그러니까 우리 조국을 모독한 것에 대해 사과해!"

기옥은 어렵게 윈난 항공학교에 입학했지만 조선인이라는 이유와 여성이라는 이유로 차별받았다. 하지만 기옥의 노력으로 차별을 이겨냈고, 서른네 명의 입학생 중 열두 명만이 받은 비행사 자격증을 받아 우리나라 최초의 여성 비행사가 된다.

스스로의 삶을 살아라

스물일곱의 나이에 나라를 되찾으려는 의지로 비행사가 되었지만 빼앗긴 나라의 임시 정부에는 비행기가 없었고, 기옥은 다른 나라의 군복을 입을 수밖에 없었다. 중국 국민혁명군 항공대 창설에 참여하여 소령 직위를 달게 된 기옥의 활약은 1926년 5월 21일자 〈동아일보〉에 이렇게 소개되었다.

"중국 창공에 조선의 붕익(鵬翼). 중국 하늘을 정복하는 조선 용사 그중에 꽃 같은 여류 용사도 있어. 오직 한 사람뿐이던 조선 여자 비행사로 한번 진중에 나타날 때에는 군인의 정신을 빼놓을 만큼 미인의 용모를 지닌 권기옥 양."

기옥은 연약한 여성이 아니라 용사였으며 중국의 전설에 나오는 거대한 새인 붕의 날개, 붕익으로 묘사되었다.

1945년 8월 15일은 기옥은 남편 이상정과 함께 라디오에서 나오는 일본 왕의 특별 담화에 귀를 기울이고 있었다.

"짐은 제국 정부로 하여금 미 · 영 · 중 · 소 4개국에 그 공동 선언을 수락한다는 뜻을 통고토록 하였다."

"일본이 항복한다는 뜻인가요?"

"그렇지. 해방이야! 해방이라고!"

"아, 일본이 보름만 늦게 항복했어도 우리 광복군이 연합군의 일원이 되어 일제와 싸웠을 것이고, 그러면 우리는 당당히 승전국이 될 수 있었을 텐데."

해방이 되었고 감격과 환희가 몰려왔지만 스스로 찾은 해방이 아니라는 생각에 쓸쓸함이 몰려올 때쯤 기옥은 상하이에서 일본의 앞잡이로 억울한 누명을 쓰고 끌려가던 한국인들을 구하기 위해 다시금 발걸음을 옮겼다. 기옥은 해방을 위해 노력했고 해방을 맞은 후에도 같은 민족을 잊지 않았다. 중국으로 건너가

하늘을 차지하고 일제에 저항했으며, 한국 공군의 창설, 한국 전쟁 참전 등으로 이어진 그녀의 삶은 줄곧 나라의 미래와 함께였다. 그녀를 기억하는 라디오 드라마가 제작되었을 때 그녀는 자신이 행운아였음을 고백했다.

"내가 비행기를 탄 것은 무슨 최초가 되기 위한 사치스러운 욕심에서가 아니었소. 오로지 나라를 되찾겠다는 일편단심으로 내 청춘과 열정을 바친 것이오. 내 개인의 꿈과 겨레의 꿈을 하나로 엮어 낼 수 있었으니, 인생에 감사합니다."

아트 스미스의 비행을 보고 비행사가 되려고 꿈을 꾸고 상상한 이가 오직 권기옥만은 아니었겠지만 편견을 깨고 스스로 도전한 이는 그녀뿐이었다. 자신의 삶을 살리는 것이 세상을 살리는 길이라 생각하고 여학생들에게 스스로를 살리고 키울 것을 당부한 그녀의 소리는 여전히 귀 기울여야 할 목소리가 아닐까?

생각을 더해 주는 잇템!

와즈다

"왜 여자들은 자전거를 타면 안 되는 거죠?"

열 살 소녀 와즈다의 질문이다. 또래의 남자아이들처럼 자전거를 타겠다는 와즈다의 소리에 어른들은 깜짝 놀란다. 이슬람의 성지 메카가 있는 사우디아라비아는 여성의 운전이 금지될 만큼 남녀 생활이 뚜렷하게 구분되는 나라다. 강력한 가부장제, 여성 차별과 혐오가 가득한 말과 일상이 고스란히 드러나는 영화 〈와즈다〉를 보면 오늘 우리가 누리는 당연한 권리가 치열한 투쟁의 결과였음을 새삼 느끼게 된다.

공공 영화 상영관이 없는 유일한 나라 사우디아라비아. 그곳 최초의 여성 감독인 하이파 알 만수르는 와즈다의 시선을 통해 '그게 뭐가 문제지?' 생각하던 사람들의 인식을 깨웠다. 자전거를 타는 사소한 일상마저도 제약당하는 나라에서 일어난 유쾌한 반란을 담은 이 영화는 2013년 4월 실제 사우디아라비아 여성들의 삶을 바꾸었다. 사우디아라비아의 권선징악위원회(일명 종교경찰청)가 여성의 자전거 주행을 허가하기로 했기 때문이다.

하지만 출퇴근이나 등하교할 때는 여성의 자전거 주행이 허

〈와즈다〉, 하이파 알 만수르 감독, 2012

용되지 않는다. 남녀가 몰려 있는 공간에서의 탑승은 금지, 머리에서 발끝까지 감추는 정숙한 복장 착용은 기본이다. 여성들은 공원이나 탁 트인 모래 들판과 같은 곳에서 오로지 취미로만 자전거를 탈 수 있다. 여전히 제약이 많지만 여성이 자전거를 탈 수 있을 거라는 상상이 없었다면 불가능한 일이었다. 여성이 할 수 없는 일은 없다. 다만 상상하지 않을 뿐이다.

3부

Feel!
느껴라, 보이는 대로 들리는 대로

나는 나 자신을 그린다

— 프리다 칼로

"나는 나 자신을 그린다. 왜냐하면 나는 너무 자주 외롭고 또 무엇보다 내가 가장 잘 아는 주제가 나이기 때문이다."

멕시코 화가 프리다 칼로(1907~1954)는 50편이 넘는 자화상을 남겼다. 그림 속에 자신을 남긴 프리다는 아무 말 없이 아픔과 슬픔을 고스란히 그림 너머로 건넨다.

난 죽지 않았어요. 게다가 살아야 할 이유가 생겼어요

1925년 9월 17일, 프리다 칼로는 연인이었던 알레한드로와 함께 소칼로 광장에서 코요아칸까지 도심을 누비고 다녔다. 프리다가 열여덟 살 때의 일이다.

"우리 새로 다니기 시작한 버스를 타 보자."

"그래, 요즘은 전차보다 버스가 더 빠르다지."

"어? 알레한드로! 나 양산을 잃어버린 것 같아. 내렸다가 다음 버스를 타자."

"응. 그래."

프리다와 알레한드로는 올라서던 버스에서 내려 양산을 찾았고 다음 버스를 탔다.

"쾅!"

"아! 악!"

버스는 신코 데 마요 거리와 콰우테모트신 거리가 만나는 모퉁이에서 산후안 시장 쪽으로 접어들다 전차와 부딪혔다. 버스 안의 알레한드로와 프리다는 충격으로 앞으로 내동댕이쳐졌고 버스의 난간 하나가 프리다의 몸을 뚫고 지나가 버렸다. 척추와 갈비뼈, 골반뼈가 부러졌고 왼쪽 다리 열한 군데가 골절되고, 오른쪽 발은 탈구되어 으스러졌다.

퇴원한 프리다는 코요아칸의 집으로 돌아가서도 침대에 묶여 지내야 했다. 몸을 앞으로 굽힐 수도, 다리가 너무 아파서 걸을 수도 없었기 때문이다.

'이런 날들이 계속된다면 차라리 이 세상에서 사라지는 게 나을 것 같아요.'

그녀는 고통 속에서 절망했다.

사실 프리다는 어릴 적 소아마비를 앓으면서 이미 자신이 남들과 다르다는 것을 알고 있었다. 남들처럼 뛸 수 없다는 것을, 남들과 똑같이 걸을 수 없다는 것을, 자신 있게 두 다리를 드러낼 수 없다는 것도 말이다. 그리하여 의사가 되기를 꿈꾸었고, 2천 명이 넘는 남학생들과 최초로 함께 공부할 수 있게 된 서른다섯 명의 여학생 중 한 명이 되었다. 하지만 프리다 칼로는 교통사고를 겪은 뒤 칼이 아닌 붓을 들게 되었다. 그녀는 침대 위에 매달린 거울을 보며 산산이 부서진 자신의 몸과 마주하고 고통과 슬픔을 그려 내면서 살기로 결심했다.

"어머니, 난 죽지 않았어요. 게다가 살아야 할 이유가 생겼어요. 그림이 그 이유예요."

멕시코 혁명이 남긴 것

멕시코의 인디오들은 마야와 아즈텍 문명을 형성하며 오랫동안 땅의 주인으로 살았다. 하지만 라틴 아메리카의 대부분의 지역들처럼 유럽의 침략에 자유롭지 못했다. 에스파냐에서 온 군대 앞에 아즈텍 문명은 처참하게 무너졌고, 그들의 삶을 지배하던 원색의 색깔과 열정은 짓밟혔다. 강인한 체력은 무거운 짐을 옮기는 노예의 역할로, 풍성한 자원은 약탈의 대상으로 전락됐다. 굵은 선의 몸과 평면적인 얼굴, 검은빛이 감도는 피부를 지닌 원주민들은 찬란했던 문명과는 거리가 먼 삶을 살았고 슬픈 역사를 대표하는 얼굴이 되었다.

1821년, 300여 년의 에스파냐 식민 지배는 끝났지만 그 이후로 100년 동안 변화는 없었다. 에스파냐인들이 남기고 간 그대로, 대지주는 여전히 부유했고 땅을 일구는 인디오들은 착취당했다. 포르피리오 디아스는 30년 넘게 독재 정권을 유지했으며, 부정 선거로 다시 권력을 잡으려 했다.

하지만 이 일은 1910년 10월 5일, 멕시코 혁명에 불을 붙였다. 1907년에 태어난 프리다 칼로는 이때 겨우 세 살이었다. 미처 알지 못했지만 이 혁명은 프리다의 인생에 두 가지 영향을 미친다. 하나는 극소수의 여성들만이 갈 수 있었지만 대학 입학이라는 기회의 문이 열렸다는 점, 멕시코 인디오들의 역사를 재건한 벽화가인 디에고 리베라를 만나게 했다는 점이다.

나무 다리 프리다

"나무 다리 프리다!"

오늘도 놀려 대는 아이들 때문에 어린 프리다의 마음은 아프기만 했다.

'아! 나는 남들과 다르구나.'

누가 가르쳐 주지 않아도 프리다는 본능적으로 알고 있었다. 자신이 결코 다른 아이들처럼 될 수 없다는 것을 말이다. 여섯 살 때 갑작스레 찾아온 소아마비는 몸에는 병의 흔적을, 마음에는 상처를 남겼다. 그녀는 평생 걸을 때마다 절뚝거렸다. 소아마

비를 읊으면서 프리다는 상상 속 친구를 만난다.

'아옌데 길 쪽으로 나 있는 첫 번째 창문에 문을 그려. 그리고 문을 열고 핀손(PINZÓN) 우유 가게로 가자. Ó 글자 속으로 들어가는 거야. 그곳엔 항상 상상 속의 친구가 살고 있어.'

명랑하고 밝고 춤도 잘 추는 마치 '이상한 나라의 앨리스' 같은 상상 속 친구에게 어린 프리다는 고민과 비밀을 모두 고백했다. 이 상상 속 친구와는 오랫동안 헤어지지 않는다. 고통스러울 때마다 Ó 글자를 따라가 친구를 만나고 돌아왔다. 1939년에 그린 〈두 명의 프리다〉에서 서로 꼭 닮은 프리다가 하나의 동맥으로 이어진 모습을 볼 수 있다. 상상 속 친구는 끊임없이 이어지는 고통을 견디게 해 준 벗이었다.

프리다는 강했고 열정적이었다. 소아마비에도 불구하고 그녀는 다시 걸었고 학교에 다녔으며 멕시코 최고의 국립 예비학교에 입학한다. 프리다는 2천 명이 넘는 남학생과 공부하는 최초의 서른다섯 여학생들 중 하나가 되었다. 1920년에 취임한 알바로 오브레곤 대통령이 임명한 철학자 호세 바스콘셀로스 교육부 장관이 남학생들에게만 입학의 기회가 주어졌던 국립 예비학교의 입학을 여학생에게도 허용했기 때문이다.

"저 이상한 모자를 쓴 애들은 누구야?"

프리다는 이상한 모자를 쓰고 모여 다니는 남자아이들을 발견하고 친구에게 물었다.

"'카추차스'라는 모임인데 혁명가 호세 바스콘셀로스를 숭배하고 문학에 대해 이야기하는 모임이래."

"아, 그래? 나도 모임에 들어가야겠다."

"저 사람이 유명한 알레한드로 고메스 아리아스야. 법학도라던데. 카추차스의 리더래."

이후 프리다는 카추차스 모임에 들고 알레한드로와 사랑에 빠진다. 하지만 버스 사고 이후 모든 것은 달라지고 만다. 전차와 충돌한 버스가 멈춰선 것처럼 프리다의 삶도 모두 정지되고 말았다.

스무 살의 프리다는 국립 예비학교의 벽화 작업에 몰두해 있는 디에고 리베라에게 말을 건넨다.

"나도 그림을 그릴 수 있을까요?"

디에고는 유럽에서 공부를 하고 멕시코인들, 인디오들의 삶과 생명력을 프레스코화로 그려 내던 유명한 민중 화가였다. 멕시코는 혁명 이후 분쟁과 혼란이 거듭되었지만, 디에고는 이 혼란이 재생을 위한 것이라 믿었고 이 땅의 주인인 인디오들의 생명력에 감탄했다. 기득권을 가지고 있는 자본주의자들은 반대했지만 그의 거대한 프레스코 벽화들은 학교, 호텔, 공공건물의 벽위에서 피어났다. 바스콘셀로스의 요청에 따라 교육부 청사 4층 벽에도 디에고의 그림이 그려졌다. 〈프롤레타리아 혁명 발라드〉라는 벽화의 중심에는 프리다의 모습이 있다. 짧은 만남과 대화가 사랑의 시작이었던 셈이다.

"아니, 그런 공산주의자와 결혼이라니?"

"그 화가 있잖아, 그래, 뚱뚱한 브뤼헐을 닮았어. 벌써 이혼을 두 번이나 했다고. 무슨 코끼리와 비둘기의 결혼도 아니고 말이야."

"프리다 너보다 스물한 살이나 많다고!"

스물한 살의 프리다 칼로는 자신이 살아온 생애만큼을 더 산 마흔두 살의 디에고 리베로와 결혼을 결심한다. 디에고는 이미 멕시코의 대표 화가였고 세 번째 결혼이었다. 프리다 칼로의 부모는 프리다를 말렸지만 아무 소용이 없었다. 결국 이 두 사람의 결혼식은 1929년 8월 21일 멕시코의 작은 도시 코요아칸에서 치러졌다. 그녀는 웨딩드레스 대신 부모님의 하녀에게서 빌린 펄럭이는 물방울무늬 치마와 블라우스, 긴 숄을 걸쳤다. 프리다의 모습은 어느새 디에고의 벽화 속 주인공인 멕시코 인디오를 닮아 있었다. 프리다와의 결혼 이후 디에고는 자신의 천재성을 드러내며 대통령 궁의 벽화를 그렸고 검고 굵은 눈썹의 프리다가 작품의 일부가 되어 꿈틀거렸다.

"아이를 갖고 싶어요. 의사 선생님!"

"아니요. 안 됩니다. 프리다. 당신은 아이를 가질 수 없어요. 당신도 아이도 죽게 될 거예요."

의사의 강력한 경고에도 프리다는 아이를 가졌다. 하지만 아이를 잃는 잔인한 실망을 경험해야 했다. 이후로도 프리다는 두 번의 유산을 더 경험한다. 특히 디에고와 함께했던 미국 생활 중의 유산은 프리다를 절망으로 이끌었다. 디에고는 이 사건을 '프리다의 비극'이라 명명했고, 이후 그녀의 그림은 그 이전의 누구도 담지 못했던 슬픔과 절망의 노래를 담았다. 〈떠 있는 침대〉와 같은 작품에서 우리는 아이에 대한 프리다의 소망과 좌절을 느낄 수 있다.

하지만 더 큰 슬픔은 따로 있었다. 프리다에게 종교와도 같은 사랑, 그 대상인 디에고의 사랑을 온전히 독점할 수 없으면서도 그 사랑을 포기할 수 없다는 사실이 빚어내는 슬픔이었다. 디에고가 다른 여자를 만나도, 심지어 자신의 여동생을 만나도 그녀

그녀의 내면은 누구보다 자유로웠으며 열정적이었다.
한 사람을 진정으로 사랑했으며
그와 함께 자신의 고통스러운 삶도 사랑했다.

는 그를 떠날 수 없었다.

"디에고, 나의 시작, 나의 아이, 나의 애인, 나의 남편, 나……." 였기에.

발이 왜 필요하지? 내게는 날개가 있는데

'……내 의지에 감사한다. 나의 외출이 행복하기를, 결코 돌아오지 않기를. 프리다.'

프리다가 생전에 남긴 일기장의 마지막 문장이다. 그녀가 삶을 마감하며 남긴 글에서 우리는 고통의 연속이었을 프리다의 삶을 느낄 수 있다. 결코 돌아오고 싶지 않은 삶임에도 그녀는 마지막까지 삶에 최선을 다했다.

"내 전시회에 가겠어요!"

"무슨 말이에요? 지금은 무리예요. 앉을 수도 없잖아요."

"침대에 누워서 가면 돼요. 앰뷸런스를 불러 줘요."

1953년 프리다는 앰뷸런스를 타고 전시장에 도착해 침대에 누워 축하를 받았다. 하지만 그 결과 급격하게 건강이 나빠지면서 오른쪽 다리를 자르게 된다. 자살 충동, 고통스러운 통증과 마주하면서도 프리다는 슬픔을 이겨 냈고 마흔여섯, 과테말라 공산주의자들을 지지하는 시위에 참여했다가 폐렴이 재발하여 1954년 7월 13일 세상을 떠난다.

프리다 칼로의 '프리다'는 '자유'를 의미한다. 그녀는 평생 석

고나 강철로 된 코르셋 속에서 살았으며 부러진 척추, 일그러진 뼈를 치료하기 위해 22번의 외과 수술을 받았다. 하지만 그녀의 내면은 누구보다 자유로웠으며 열정적이었다. 한 사람을 진정으로 사랑했으며 그와 함께 자신의 고통스러운 삶도 사랑했다. 지금 우리가 프리다 칼로의 그림에서 위로를 받고 용기를 얻는다면 발 대신 날개를 단 자유로운 프리다가 곁에 머물고 있는 것일지도 모른다.

생각을 더해 주는 잇템!

화장대 앞의 자화상

러시아 최초의 여성 화가로 알려진 지나이다 세레브랴코바의 자화상이다. 세계에서 무더운 나라로 손꼽히는 멕시코의 프리다나 세계에서 가장 추운 나라 러시아의 지나이다는 자화상을 많이 그린 화가다. 하지만 분위기는 전혀 다르다.

고통이 느껴지는 프리다의 그림과 달리 지나이다의 그림에서는 생기가 느껴진다. 프리다는 질병과 사고로 고통의 날들을 보내다 그림에서 삶의 의미를 발견했다면 지나이다는 유명한 조각가의 딸로 태어나 러시아와 파리에서 화가가 되기 위한 충분한 교육을 받았다. 프리다는 사랑하는 이의 아이를 가지려 했지만 매번 실패했고 지나이다는 보리스와 결혼하여 네 명의 아이를 낳았다.

하지만 지나이다의 완벽해 보이는 삶도 1917년 10월에 일어난 러시아 혁명으로 조각난다. 부와 명예를 잃은 것은 물론이고 남편마저도 감옥에 끌려가 병으로 죽는다. 멕시코 혁명이 프리다에게 기회를 주었다면 러시아 혁명은 지나이다에게 좌절을 안겨 준 셈이다. 지나이다는 혁명 이후 네 명의 아이를 홀로 키우

〈화장대 앞의 자화상〉, 지나이다 세레브랴코바, 1909,
트레티야코프 미술관

면서 물감도 살 수 없는 가난을 경험했지만, 목탄이나 파스텔화로 그림에 대한 열정을 이어 갔다. 가난은 그녀가 그림을 포기할 이유가 되지 못했다.

다른 곳, 다른 상황에 있었지만 두 화가는 자신들의 삶을 그림으로 표현했다. 여성이었기에 모델을 구하는 게 쉽지 않기도 했겠지만 자기 자신이 표현하기 가장 좋은 대상이었기 때문이기도 하다. 그녀들의 그림 앞에서 우리는 싱그러움이든 고통이든 응시한다. 그리고 조용히 건네는 이야기에 귀 기울인다. 하지만 곧 그녀들의 이야기가 제각각이라는 사실을 알게 된다. 왜냐면 그 이야기들은 그림이 아니라 우리 마음이 건네는 이야기이기 때문이다. 느끼는 대로, 느껴지는 대로, 느낄 수 있는 대로 느껴라! 그리고 표현하라!

Story 10

이상한 것들의 마법사

— 다이앤 아버스

만약, 개구리한테 아름다운 외모에 대해 표현하라고 한다면 '촉촉한 피부, 튀어나온 눈망울, 날렵한 혓바닥, 큰 입'이라고 답하지 않을까?

아름다움이란 누구의 입장에서 보는가에 따라 다를 수 있으니까. 이는 추하다는 것 역시 누구의 입장이냐에 따라 달라질 수 있음을 의미한다.

'아름답다'와 '추하다'는 누구에 의해, 무엇에 의해 정해지는 것일까? 그리고 그 경계에는 무엇이 있을까?

"Feel! 느껴라, 보이는 대로 들리는 대로"

오래전부터 존재했지만 아무도 보려고 하지 않은 것

기형인, 난쟁이들, 거인들, 삼류 서커스단, 마약 중독자와 포주들을 보고 '아름답다'고 말하는 경우는 많지 않다. 이들은 대체로 어둡고 축축한 느낌을 동반하며 세상에 있지만 마치 없는 것처럼 존재하는 대상이다. 흔히들 말하는 아름다움의 범위와 거리가 있는 이들을 사진에 담은 사진가가 있다. '이상한 것들의 마법사'라는 별명을 가진 다이앤 아버스(1923~1971)다. 오랫동안 금지된 것들 속에서 살아왔던 다이앤은 세상이 금지한 것들을 찍었고, 자신이 아니라면 아무도 보려 하지 않을 것들에 대해 이렇게 말했다.

"세상 사람들은 상처받는 것을 두려워하며 살아가고 있지만 기형인들은 태어날 때부터 상처와 한 몸이었다. 그리고 그 시련을, 존재함으로써 이미 초월하고 있다. 그들은 고귀한 사람이다. 기형인들은, 아무 생각 없이 세상을 살아가는 사람들의 발걸음을 멈춰 세우고 스스로에게 인생의 질문을 던지지 않을 수 없도록 만드는 이집트의 스핑크스 같은 존재였다."

각본 있는 무대

"다이앤, 신발 신었어? 머리가 이게 뭐니? 장갑은?"
"맘젤(하녀를 뜻하는 말), 다이앤 머리 다시 묶어 줘요. 사람들이 우리를 보고 뭐라고 하겠어요!"

반짝이는 에나멜 구두에, 하얀 장갑을 낀 다이앤은 오늘도 무대에 오르는 것만 같다고 느낀다. 주어진 배역은 뉴욕 상류층의 자녀로, 그림, 피아노, 외국어 실력은 물론 예의범절까지 두루 갖춘 다소곳한 아이이다. 누가 봐도 칭찬할 만하며 누가 봐도 부러워할 만한 인물로 보여야 했다.

어머니 거트루드는 오늘도 반짝이는 보석과 화려한 옷, 진한 화장품 향을 풍기며 자신의 분신이자 또 다른 장식인 다이앤을 앞세워 러섹스 백화점의 문을 연다. 열린 문으로 보이는 백화점의 점원들은 거트루드와 다이앤을 보고 달려와 인사한다.

"사모님, 나오셨어요? 새로운 물건이 들어왔습니다. 보실래요?"

"아니, 괜찮아. 다음에 와서 보지."

거트루드는 귀찮다는 듯 손짓을 하고 백화점을 돌아본다. 그리고 마지막으로 사장실로 향한다. 그곳은 거트루드의 남편이자 다이앤의 아버지 데이비드가 일하는 사무실이다.

"아빠, 저희 왔어요."

"아버지가 일하실 때는 방해하면 안 된다."

거트루드는 다이앤의 말을 막고 데이비드는 됐다는 듯 어서 가라고 손짓한다. 데이비드는 가족 동반 모임이나 사업상 중요한 손님이 찾아올 때, 그러니까 남들이 지켜볼 때에만 친절한 아빠였다.

명품들이 즐비하고 뉴욕에서 가장 비싼 땅에 위치한 러섹스 백화점 사장의 딸이 다이앤에게 주어진 배역이다. 실제로 다이앤은 어린 시절의 경험이 마치 연극과 같았다며 "루마니아의 우중충한 트란실바니아 지방(드라큘라 전설로 유명한 곳)의 신물 나는 영화 세트 안에 있는 듯했고, 그 왕국에서 느낀 건 굴욕감이었죠."라고 말했다.

유년 시절이 한 편의 연극이라면 주연에 가깝고 남부러울 것 없어 보였지만, 다이앤은 서로에게 무관심한 가족들 사이에서 외로움을 느꼈다. 각본은 언제나 정확했고 다이앤의 역할은 분명했다. 아버지와 어머니가 남들에게 보이고 싶어 하는 모습으로 행동하는 것, 그것이 다이앤에게 주어진 역할이었다.

새로운 무대에서

'모두가 괴물이야. 누구도 진정한 자신의 모습을 드러내지 않는다고.'

뉴욕의 상류층들만 다닌다는 에티컬 컬처 초등학교에 입학한 다이앤은 상류층의 아이들을 보며 어른들을 흉내 내고 있고 더 많은 사랑과 인정을 받기 위해 경쟁한다고 느꼈다. 겉으로 보이는 모습은 예의 바르고 친절하지만 속으로는 남보다 우월해지고 싶은 위선자들은 괴물처럼 보였다. 그렇다고 다이앤이 사람들과 어울리지 못했던 것은 아니다. 다이앤은 부자였고 성적도 좋았고 예능에 남다른 끼도 보였기에 아이들과 잘 어울렸지만 어떤 무리와도 깊고 오랜 관계를 맺지 못했다. 우울과 외로움이 다이앤을 찾아왔지만 어느 누구와도 마음을 나눌 수 없었다.

초등학교를 졸업하고 필드스톤 학교에 진학한 다이앤은 미술에 남다른 재능을 보였다. 화가가 되고 싶었던 아버지는 다이앤의 재능을 자랑스러워하며 러섹스 백화점의 여성 일러스트레이터 톰슨에게 개인 레슨을 받게 한다. 다이앤은 백화점을 드나들면서 연극배우 지망생 앨런 아버스와 사랑에 빠지게 된다.

"앨런과 결혼하겠어요!"

"안 된다. 앨런은 가난한 연극배우 지망생일 뿐이야!"

"아무리 말려도 어쩔 수 없을 거예요. 저는 앨런을 만나면서 제 자신을 사랑하는 법을 알게 되었어요."

필드스톤 졸업을 앞두고 다이앤은 예술가로서의 삶을 계속 걸어가기보다는 앨런과 새로운 가정을 꾸릴 결심을 한다. 다이앤은 결혼이 뉴욕 상류층의 굴레, 아버지와 어머니의 간섭과 요구로부터 벗어날 수 있는 기회라고 여겼고, 앨런에 대한 사랑은 말릴 수 없을 만큼 강렬했다.

"러섹스 백화점 데이비드 네메로브 사장의 딸, 다이앤 네메로브 약혼."

신문 『뉴욕타임스』는 뉴욕 상류층의 약혼 소식을 알렸다. 1941년 4월 10일, 다이앤은 결혼했고 다이앤 아버스가 되었다. 열아홉의 그녀는 각본이 짜인 무대에서 각본 없는 자유로운 곳으로 생의 무대를 옮겼다고 믿었다.

다이앤과 앨런의 결혼 생활은 가난했지만 행복했다. 쥐와 바퀴벌레가 돌아다니고 이웃집 사람들의 싸움 소리가 들리는 철길 옆 아파트에서 앨런, 다이앤 그리고 둘 사이에서 태어난 둔이 살았다. 하지만 겨울엔 난방조차 되지 않는 곳에서 계속 머물 순 없었다. 앨런은 어린 시절의 꿈을 잠시 접고 육군에서 배운 사진 기술을 이용해 패션 사진을 찍는다. 처음엔 러섹스 백화점에서 일감을 받았지만 1947년 유명 패션 잡지인 『글래머』와 일하게 되면서 다이앤과 앨런은 서서히 패션 사진가로 인정받게 되었다. 『글래머』, 『보그』, 『세븐틴』과 같은 유명 패션 잡지와 일하던 1957년 어느 날, 앨런과 다이앤은 중대한 결심을 하게 된다.

"다이앤, 우리에겐 각자의 공간이 필요한 것 같아. '다이앤 앤드 앨런 아버스 스튜디오'는 계속 운영하되 나는 제대로 된 연기 수업을 받고 싶어. 당신도 이제 당신의 사진을 찍을 때가 되었어."

다이앤은 자신만의 사진 세계를 찾아 떠났고 앨런은 사진 찍기를 그만두었다. 둘은 별거에 들어갔지만 앨런은 딸들의 양육비를 보조했고 다이앤은 앨런에게 정신적으로 의존했다.

자신만의 사진을 찍고 싶었던 다이앤은 비정상적인 피사체를 많이 다루는 리젯 모델이라는 사진가에게 끌리게 된다. 다이앤은 다짜고짜 리젯 모델에게 전화를 걸었다.

"당신의 작품을 사고 싶습니다."

©Dan Budnik

“팔 수 없습니다.”

“왜죠?”

“왜 사고 싶은 거죠?”

“당신처럼 사진을 찍고 싶으니까요!”

여러 차례의 시도 끝에 다이앤은 리젯에게 수업을 들어도 좋다는 허락을 받았고 1958년 뉴스쿨 대학에 등록하여 사진을 배우게 된다. 리젯은 다이앤에게 여러 조언을 해 준다.

“사진을 찍는다는 건 창조의 문제야. 기술은 잊어.”

“가장 찍고 싶은 것, 강렬하게 찍고 싶은 것, 마음에 드는 것을 찍어야 해. 그렇지 않으면 절대 사진을 찍을 수 없어.”

"세상에 가려진 것, 소외된 것, 버림받은 것, 모든 상처 입은 영혼들이 너의 빛을 기다리고 있다. 그것이 너에게 주어진 소명이다."

리젯의 격려는 새장에 갇혀 갑갑해하던 다이앤을 새장 밖으로 나오게 했다. 다이앤은 패션 잡지의 사진이나 찍는 상업 사진가라는 비난에서 자유로워졌고 카메라를 들고 만나고 싶은 사람들을 찾아다녔다. 그녀는 인생에서 자기가 하고 싶은 일을 하기 시작했다.

여성 사진가가 아닌 그냥 사진가

"여자는 자기 삶의 첫 단락을, 남편을 찾고 아내와 어머니가 되는 법을 배우며 보내기 때문이죠. 이런 역할을 제대로 하려고 애쓰느라 다른 역할을 해낼 시간이 없어요."

서른여덟 살이라는 늦은 나이에 어떻게 사진을 찍게 되었는지를 묻는 기자에게 다이앤이 한 답이다. 어린 나이에 앨런을 만나 사랑에 빠졌고 결혼했고 부자 부모처럼 흥청거리며 살기를 거부했고 두 아이를 돌보느라 최선을 다했지만 정작 자신을 위한 삶을 살지 못했다는 의미다. 동시에 38년의 시간은 딸, 아내, 엄마의 역할을 지나 오롯이 자신만의 세계를 여는 데까지 걸린 시간이기도 하다.

"여자는 스스로에게 더 큰 자신감을 불어넣을 수 있기 때문에 남자보다 더 나은 사진가가 될 수 있다."

사진을 찍는 여성은 '여성 사진가'라 불릴 수밖에 없던 시절이었다. 얼핏 보면 칭찬인 것 같지만 여자이기 때문이라는 말은 어디까지나 여성으로서의 한계를 보여 주는 말이었다. 다이앤의 대답은 단호했다.

"이봐요, 나는 여성 사진가가 아니라 그냥 사진가예요."

하지만 다이앤의 신념이나 이상과는 달리 현실은 냉정했다. 여성의 사진은 성공 여부와는 관련 없이 남성 사진가의 사진값의 절반밖에 받을 수 없었다. 앨런이 보내 주는 양육비로는 두 아이를 기르는 게 쉽지 않았던 다이앤은 언제나 열심히 사진을 찍을 수밖에 없었다. 카메라를 목에 걸고 집요하게 대상을 향해 셔터를 누르던 다이앤은 1967년 마침내 뉴욕현대미술관에 초대되었다.

"이번 '뉴 도큐멘트' 전시회에 당신의 사진을 전시하고 싶은데요. 게리 위노그랜드와 리 프리들랜더와 함께 하는 행사예요. 당신의 사진을 알릴 수 있을 거예요."

당시만 하더라도 이 두 사람의 명성이 다이앤보다 높았지만 막상 전시회가 시작되자 그녀의 사진 앞에 수많은 사람들이 몰렸다. 헤어롤을 말고 화장을 하고 있는 동성애자, 240cm에 달하는 거인과 대화를 나누고 있는 그의 평범한 부모, 너무나 다정해 보이는 난쟁이 가족, 옷을 벗고 들판에 모여 앉은 나체주의 가족, 하루를 준비하고 있는 매춘부 등 이전에는 사진의 주인공들이 될 수 없었던 이들이 사진의 중앙을 채우고 있었다.

"아니, 이게 사진이야? 이런 사진을 찍다니 제정신이 아니겠군."

"기형인들을 사진에 담다니, 인간성은 보나마나겠군."

기형, 동성애, 장애, 쌍둥이 등의 모습을 상업적으로 이용했다며 비난한 사람들도 있었지만, 그녀의 사진을 이해하고 열렬하게 지지하는 사람들도 있었다. 이 전시회를 통해 다이앤은 '이상한 것들의 마법사'라는 별명을 얻었고 사진가로서의 삶도 열리는 듯했다.

하지만 1971년 7월 28일, 부모가 브로드웨이 공연 〈제7의 천국〉 주인공 이름에서 따온 다이앤(Diane)보다는 디앤으로 발음되고 불리기 좋아했던 디앤 아버스는 스스로 생을 마감한다. 그녀를 추모하며 열린 전시회에는 3개월 동안 25만 명이 다녀갔고, 세계 미술관들은 그녀의 작품을 수집하여 보존하려고 한다. 디앤 아버스에 대한 사람들의 열광은 그녀의 카메라가 아니었다면 기형적이고 추한 것이기만 할 뻔한 모습들이 인간으로서의 존엄을 입게 되었기 때문 아닐까?

내 ID는 강남미인!

주인공 '강미래'는 성형으로 새롭게 태어난 미인이다. 하지만 강남역 어디에서나 볼 수 있는 미인이라는 뜻으로 종종 '강남미인'으로 불리기도 한다. 과거와 달리 아름다운 모습이 되었지만 그녀는 여전히 아름답다고 생각하지 않는다. 성형 괴물의 줄임말인 '성괴'라는 조롱 앞에서도 입 한번 뻥끗하지 못한다. 그녀가 정말 괴물인지, 그렇게 말하는 이들이 괴물인지 알 수 없다.

이런 강미래와 달리 날 때부터 예쁜 '수아'는 화학과 퀸카다. 뭇 남학생들은 수아의 마음을 잡기 위해 애쓴다. 하지만 수아는 기대만 심어 줄 뿐 아무에게도 마음을 주지 않는다. 수아는 그저 아름다움을 무기로 다른 이들의 마음을 사고 싶을 뿐이다. 겉모습이 예쁜 수아는 괴물이 아닐까?

날 때부터 예쁜 얼굴이든 성형으로 만들어진 얼굴이든, 오뚝한 코, 또렷한 눈망울, 갸름한 턱선만으로는 아름다움 전부를 설명할 수 없다. 〈내 ID는 강남미인!〉은 '아름다움이란 무엇인가? 어디에서 시작되는 걸까?'라는 생각을 하게 만드는 웹툰이다.

요즘은 돈으로 아름다움을 살 수 있는 시대다. 하지만 그 '아

네이버 웹툰 〈내 ID는 강남미인!〉, 글 · 그림 기맹기

름답다'라는 게 영원한 것인지에 관해서는 묻지 않을 수 없다. 기형인들에게서 다이앤이 발견한 아름다움은 무엇이었을까? 슬프고도 쓸쓸한 시선으로 그녀의 사진을 들여다보는 이유다. 다이앤의 이야기가 더 궁금한 사람에게는 니콜 키드먼 주연의 영화 〈퍼(fur)〉도 추천한다.

Story 11

삶에 감사해

— 비올레타 파라

"날 좀 보소, 날 좀 보소, 날 좀 보소. 동지섣달 꽃 본 듯이 날 좀 보소."

"아리랑 고개다 주막집을 짓고, 정든 님 오기만 기다린다. 아리아리 쓰리쓰리 아라리요."

한번쯤 들어 본 적 있을 아리랑의 노랫말이다. 언제부터라고 콕 찍을 수 없는 오래전부터 지금까지 불리는 이 노래들을 민요라고 한다. 이 노래들에 담긴 이별, 기다림, 안타까움은 우리 조상들의 삶이 이별과 기다림의 연속이었음을 알려 준다. 노래는 이야기와 달리 전후 사정을 설명해 주지 않지만 느낌으로 전하고, 짧기 때문에 많은 사람들에게 쉽게 전달되고, 곡이 있기에 쉽게 기억된다. 하지만 우리가 기억하고 부를 수 있는 민요는 많지 않다. 아리랑, 아리랑, 그다음은?

삶에 감사해

내게 이토록 많은 것을 준 삶에 감사합니다.
삶은, 웃음과 눈물을 주어 슬픔과 행복을 구별할 수 있게 해 주었고
내 슬픔과 행복은 나의 노래와 여러분의 노래가 되었습니다.
이 노래가 바로 그것입니다.
그것은 우리들 모두의 노래이기도 합니다.
세상의 모든 노래가 그러하듯
내게 이토록 많은 것을 준 삶이여, 감사합니다.

–비올레타 파라, 〈삶에 감사해(Gracias a la vida)〉 중에서

"비올레타의 노래가 더 아름답고 고와진 것 같지요?"

"좀 의외인걸, 요즘 같아선 그녀가 삶에 감사할 것은 하나도 없지 않나?"

"왜요?"

"애인도 떠나고, 민속 음악의 전당을 세우려던 계획도 다 헛수고가 되고, 요즘 음반을 내주겠다는 회사도 없을걸, 비올레타의 노래가 금지곡인데 정부가 가만두겠냐고!"

"듣고 보니 그녀의 명성도 예전 같지는 않네요. 하지만 너무

맑고 아름다운 노래인걸요."

비올레타 파라(1917~1967)는 오늘날의 표현을 빌려 말하자면, 싱어송 라이터이자 칠레의 국민 가수였다. 우리의 아리랑과 같은 칠레의 전통 민요를 복원했고 대중에게 알렸으며 새롭게 탄생시켰다.

하지만 〈삶에 감사해〉라는 노래를 녹음한 1966년의 비올레타는 절망의 소용돌이 한가운데 있었다. 1964년부터 칠레를 이끈 에두아르도 프레이 몬탈바 정권은 비올레타의 음악이 정권에 반대하는 색깔이 짙다는 이유로 금지곡 판정을 내렸다. 또한 비올레타는 연인이자 음악적 동반자였던 질베르 파브르와는 결별했다. 삶이 그녀에게 허락했던 행운을 걷어 가고 있는데, 모든 것이 감사하다는 노랫말이라니! 사람들은 의아했다. 불과 몇 달 뒤, 삶에 대한 감사를 고백한 비올레타가 분신 같은 기타 옆에서 삶을 마감하자 사람들은 충격에 빠졌다.

노래하는 자매에서 노래하는 가족으로

"저희 자매는 노래를 잘 불러요. 기타도 칠 줄 알고요."

비올레타는 여동생 일다를 데리고 서커스 단장을 찾아갔다. 아버지의 알코올 중독은 가족의 생계를 위협했고, 비올레타는 학업 대신 기타를 들고 노래를 부르기로 했다. 거리에서 노래하는 소녀 가수가 된 비올레타는 서커스단 공연 때는 동생과 함께 노래를 부르고 춤을 추며 손님을 모았고, 동네 볼링장과 기차역, 식당을 찾아다니며 볼레로, 란체라, 코리도 등 라틴 아메리카 전통 음악 스타일의 노래를 불렀다.

그녀가 칠레 사람들의 삶을 표현한 노래를 불렀던 것은 음악 교사였던 아버지뿐 아니라 뛰어난 노래 실력으로 칠레의 오래된 구전 민요를 잘 불렀던 어머니 덕분이다. 1917년 10월 14일, 칠레 남부의 농촌, 산 카를로스에서 태어난 비올레타는 어머니가 불러주는 자연의 아름다움과 서민의 애환이 담긴 노래를 들으며 컸다. 칠레는 자연이 아름답고, 지형이 남북으로 길어 사막과 빙하를 품고 있고 풍부한 천연 자원을 가지고 있지만, 오랜 식민 지배 때문에 농민들의 삶은 비참하고 힘겨웠다. 비올레타는 자신을 포함한 수많은 사람들의 삶의 고단함을 위로해 줄 무엇인가를 노래에서 찾았다.

'칠레의 전통 민요를 찾아야 해. 그 안에 우리 민족의 삶이 숨겨져 있으니 말이야.'

"할머니, 그 노래 저 좀 가르쳐 주세요!"

비올레타는 길거리에서 만나는 사람들에게 새로운 노래를 배우고 모으며 불렀다. 1943년 시쳇말로 버스킹 가수였던 비올레타의 노래를 눈여겨본 한 공연 회사가 계약을 제의한다.

"당신의 노래하는 모습을 오랫동안 지켜보았습니다. 우리와 계약하시죠!"

"노래 경연대회 '바케다노'의 1944년 우승자는 바로 비올레타 파라입니다!"

"저는 과자 공장을 운영하고 있습니다. 당신의 명성은 익히 들어 알고 있어요. 당신을 후원하고 싶습니다. 공연을 해 주세요."

비올레타에게 찾아온 연속된 행운 덕분에 그녀의 노래는 산티아고를 넘어 칠레 전역으로 퍼져 나갔다. 스물두 살에 결혼한 비올레타는 이미 두 아이의 어머니였다. 비올레타는 자녀들에게도 음악을 가르쳤다. 동생 일다와 함께 노래하던 '파라 자매'에 이어 함께 노래하는 '파라 가족'의 탄생이 눈앞에 다가온 셈이다. 하지만 이 가족에 남편 세레세다는 없다. 성공 후에도 아이들을 데리고 거리에서 노래하는 비올레타를 이해할 수 없었던 남편은 이혼을 택한다. 하지만 비올레타의 음악에 대한 열망을 꺾지는 못했다. 그녀의 노래는 여전히 길거리에서 울려 퍼졌다!

비올레타는 1952년, 칠레를 대표하는 민중 시인 파블로 네루다를 만난다.

"당신의 음악을 지지합니다. 당신의 음악은 칠레 민중 운동에 대한 나의 믿음을 더욱 굳건하게 해 주었어요."

"저도 당신의 글을 지지하지요. 내 음악은 민중의 역사와 함께 하고 있어요. 내 음성을 통해서 칠레 민중의 영혼과 역사를 들려주고 싶어요."

1948년 상원 연설에서 대통령과 정부를 비판한 이유로 체포 영장이 발급되어 외국 망명 생활을 시작한 네루다의 사상과 작품은 남미뿐 아니라 유럽과 미국에도 전해져 명성을 얻고 있었다. 네루다의 작품은 다른 여러 나라의 언어로 번역되었고, 칠레의 지식인들은 망명 생활에서 돌아온 민중 시인과 함께 새로운 세상을 꿈꾸었다.

네루다가 비올레타의 음악을 지지한 데는 이유가 있었다. 당시 칠레의 노동 계급 대부분은 제대로 교육을 받지 못했다. 그런 까닭에 사회주의자들이 이끄는 노동 운동의 정치적 메시지를 이해하기 쉽지 않았다. 네루다는 비올레타의 음악이 이 문제를 해결해 줄 수 있으리라 직감했으며, 실제로 비올레타는 네루다의 시 「민중(El Pueblo)」에 곡을 붙여 노래하기도 했다.

"안녕하세요. '노래하는 비올레타 파라' 시간입니다."

"잊혔던 음악을 들을 수 있다니 감동적이에요!"

1953년 비올레타는 라디오 방송을 시작한다. 잊혀 가던 민요가 전파를 타자 많은 사람들은 감격했다. 이후 비올레타는 아르헨티나, 파리, 이탈리아 등 세계 곳곳에서 초청받아 공연을 하게 된다. 그녀는 작곡을 하고 노랫말을 붙이는 것 말고도 칠레의 전통 음악을 수집하고 칠레의 자연과 자연을 닮은 농민들이 주인공인 그림을 그렸다.

언제나 혈육도 아닌 이들에 대한
근심을 놓지 못했으니
언제쯤 당신의 기억 속에
당신 자신을 떠올릴 것인가
신실한 비올레타여.

쿠에카 음악이 흐르면 세상을 떠난 선조들이
왈츠를 추러 이승으로 내려올 때까지
당신의 기타는 모두를 사로잡았네.

– 니카노르 파라, 「비올레타 파라에게」 중에서

오빠 니카노르는 비올레타를 향한 찬사를 한 편의 시로 남겼다. 그녀의 삶과 노래는 선조들이 남긴 음악을 따라 혈육도 아닌 이들을 향한 근심을 품고 있었다. 그녀는 멈추지 않고 유랑했는데, 유럽의 침략, 약탈, 폭압에서 자유롭지 못했던 그들의 땅이 남긴 음악 '폴클로레'를 알리기 위해서였다. 그녀가 유랑하는 시인이자 화가가 될 수밖에 없던 이유는 바로 자신이 태어나 자란 땅과 그 땅 위에 살고 있는 민중에 대한 사랑 때문이었다.

여왕의 텐트

당신을 잊으려는 마음으로
나는 땅을 경작할 거예요
그것이 내 슬픔의 치유제가 되기를 빌어요
나의 슬픔엔 보랏빛 포도 덩굴을
나의 열정엔 클라벨리나를 심을 거예요

—비올레타 파라, 〈여자 정원사〉 중에서

비올레타의 노래에는 칠레의 밑바닥을 살아가는 사람들의 삶이 담겨 있다. 상처받은 사람들, 자연과 농사, 가난과 불평등에 대한 이야기가 담긴 그녀의 노랫말을 통해 사람들은 느낄 수 있었다. 계급이나 민족, 인종을 넘어서서 인간다운 삶을 위해 지금 세상의 변화가 필요하다는 사실을 말이다. 그녀는 노래로 사람들의 마음을 녹이고 움직였다.

"여왕의 텐트를 녹음하고 싶습니다. 페냐 데 로스 파라 운동에 참여한 아티스트들과 함께한 기록이 되겠지요."

비올레타 파라의 음반 재킷

1966년, 음반 회사 이엠아이-오데온 레이블은 파라 가족과 아티스트의 노상 집회 기록을 녹음하고 〈여왕의 텐트〉라는 이름으로 발표한다. '페냐 데 로스 파라 운동'은 '파라 가족의 평화 운동'으로 비올레타의 아이들인 이사벨과 앙헬이 1964년부터 산티아고의 술집과 클럽을 돌며 반정부, 반미주의의 메시지를 담은 음악을 연주한 활동을 말한다. 어렸을 때부터 어머니에게서 음악을 배웠고 유럽 등 외국 생활을 통해 국제 정세에 눈을 뜨게 된 이사벨과 앙헬이 파리의 클럽 문화를 눈여겨보고 기획한 이 순회공연에 비올레타까지 참여하면서 '페냐 데 로스 파라 운동'은 칠레 전국에 자자하게 퍼졌다. 비올레타와 가족들은 산티아고의 평원에 큰 텐트를 세우고 테이블과 악기를 갖춘 뒤 여러 뮤지션들과 폴클로레 공연을 펼쳤다. 하지만 〈여왕의 텐트〉가 영원할 수는 없었다. 유언 같은 〈삶에 감사해〉를 발표하고 그녀는 이 텐트에서 삶을 마감한다.

이미 세상을 떠났지만 감사할 수 없는 순간을 감사함으로 이야기했던 비올레타의 노래가 있었기에 칠레인들은 군부에 의한 독재와 핍박을 이겨 낼 수 있었다. 1973년 9월 11일, 미국의 지원을 받은 아우구스토 피노체트를 중심으로 한 군부가 선거에 의해 합법적으로 세워진 사회주의 정권을 무너뜨리는 쿠테타를 일으킨 이후 17년 동안, 수많은 사람들이 정치적 소신을 밝히고 행동하면 죽거나 실종되거나 혹독한 고문을 당해야 했다. 바로 이때, 사랑과 기쁨이 아닌 절망과 슬픔을 노래한 그녀의 음악이 위로가 되었으며 희망이 되었다. 그녀가 온 삶을 통해 느끼고 표현하고 알리고자 했던 것이 바로 이런 음악, 노래의 힘이 아니었을까?

"우리에게 그녀의 노래가 없었다면 이 끔찍한 삶을 견딜 수 없었을 거예요."

이것이 그녀의 노래에 대한 칠레인들의 대답이다.

생각을 더해 주는 잇템!

비긴 어게인

댄은 음반 프로듀서다. 스타도 만들어 냈고 친구와 함께 음반 회사도 운영한다. 하지만 그에게 삶은 의미도 재미도 없다. 돈도 없고 늘 술에 취해 있으며 이혼한 아내와 딸과의 관계가 어렵기만 한 그는 어느 날 라이브 카페에서 그레타의 음악을 듣는다. 댄은 그녀의 노래에서 남들은 알아채지 못한 음악적 재능을 발견한다.

그레타의 음악에서 위로, 활력, 도전을 느낀 댄과 음반을 제작하기로 한 그레타, 그들은 갖춰진 녹음실이 아닌 길거리로 나선다. 기타, 첼로, 피아노, 드럼 등 각자의 영역에서 꿈꾸던 이들을 모으며, 거리에서 연주하고 녹음하고 음을 덧입히면서 완성한 음악은 성공적이었다. 그레타의 음악이 완성되자 댄이 다니던 음반 회사에서 정식으로 음반을 내기 위한 계약을 제의한다. 이 과정에서 음반 회사가 취하는 이익이 많다는 것에 의문을 가진 그레타는 음반 회사와의 계약 대신 음원을 소셜 미디어에 공개한다. 소셜 미디어에서 그레타의 노래는 쉽고 빠르게 퍼졌다. 어쩌면 비올레타 파라가 오늘을 살았다면 그녀는 '여왕의 텐트' 대

〈비긴 어게인〉, 존 카니 감독, 2013

신 '페북스타'가 되었을지도 모를 일이다.

영화 〈비긴 어게인〉은 음악이 의미도 재미도 없던 삶을, 이별에서 절망하고 포기하고 싶던 마음을 위로하고 다시 시작할 용기를 준다고 말한다. 영화의 OST인 'A Step You Can't Take Back'이 돌이킬 수 없는 길을 가려는 이들에게 주는 위로 또한 마찬가지다. 비올레타 파라가 칠레인들의 삶에 깊숙하게 젖어 있는 음악을 사랑한 까닭도 이렇게 절망과 슬픔, 분노 속에 있는 사람들을 위로하는 힘 때문이 아니었을까?

Story 12

나는 그대들의 노리개를 거부하오

— 나혜석

> 현모양처는 이상을 정할 것도 반드시 가져야 할 바도 아니다. 여자를 노예로 만들기 위하여 부덕(아내로서의 덕)을 장려한 것이다.
>
> — 나혜석, 「이상적 부인」 중에서

"네가 돌아오지 않으면 학비 송금을 중단하겠다."

"마음대로 하셔요. 하지만 저는 돌아가지 않을 거예요."

1914년, 동경 여자 미술 전문학교를 다니고 있던 나혜석(1896~1948)에게 아버지 나기정이 보낸 편지가 도착했다. 좋은 결혼 상대가 있으니 급히 귀국하라는 내용이었다. 이미 일본의 페미니스트 잡지 『세이토』를 통해 여성 해방에 눈뜨기 시작한 나혜석은 일방적으로 통보한 아버지의 말을 거부한다. 그리고 같은 해

동경의 조선인 유학생들이 만든 잡지인 『학지광』에 현모양처를 비판하는 글 「이상적 부인」을 싣는다. 여성이 나아가야 할 길이 현모양처가 아님을 선언하고 동시에 남녀 모두에게 인간으로서의 권리, 교육의 권리가 있음을 주장하는 글이었다. 그동안 아무도, 감히, 하지 못했던 여성에 대한 이야기를 꺼냈다는 것만으로도 세상은 그녀를 주목하기 시작했다.

아무도 알아보지 못한 죽음

"용산 경찰서 앞에서 발견되었습니다."

"누군지 아세요?"

"글쎄요. 전혀 모르겠는데요."

"신원 불명. 행려병자로 구분해야겠군요."

"상태는 좀 어떤가요?"

"실어증에 중풍도 있어요."

1948년, 이렇게 분류된 신원 불명의 한 여성이 서울시립병원으로 이송되었다. 그리고 한 달 뒤인 12월 10일 저녁 8시 30분, 그녀는 외로이 죽음을 맞는다. 그녀의 죽음은 관보에 실렸지만 아무도 찾지 않았다. 그녀가 바로 나혜석이다.

아버지는 용인 군수를 지낸 수원의 부자였고 전 남편은 외교관이었다. 진명 여자 고등학교 수석 졸업, 한국 여성 최초로 동경 여자 미술 전문학교 입학, 1921년 동아일보사에서 여성 화가로는 처음으로 개인 전시회 개최, 1922년부터 시작된 조선미술 전람회(조선미전)에 아홉 번이나 당선된 화가였으며 첫 단편 「경희」를 시작으로 다섯 편의 단편 소설과 「이혼 고백서」, 「신생활에 들면서」 같은 글로 엄청난 사회적 반향을 일으킨 작가이기도 했다. 하지만 곁을 지켜 준 사람은 아무도 없었다.

결혼의 조건, 인간의 조건

· 일생을 두고 지금 같이 나를 사랑할 것.

· 그림 그리는 일을 방해하지 말 것.

· 시어머니와 전실 딸과는 함께 살지 않도록 해 줄 것.

· 첫사랑 최승구의 묘지에 비석을 세워 줄 것.

"이 네 가지 조건을 들어줄 수 있나요?"

"그럼. 당신과 결혼할 수 있다면!"

1920년, 나혜석은 6년간 구애해 온 김우영과 결혼했다. 일본 유학생 출신으로 외교관이었던 김우영은 나혜석이 내건 조건들을 두말없이 수락했다. 하지만 이를 바라보는 사람들, 특히 남자들의 시선은 따갑기만 했다. 결혼할 때 여자가 조건을 내걸었다는 것만으로도 놀라운데 그 조건이라는 것이 또 하나같이 입을 떡 벌어지게 하는 내용이었기 때문이다.

"우영이 자네 말일세, 여자가 하자는 대로 고분고분, 그러면

안 되는 결세."

"네. 제가 알아서 할게요. 제 아내가 예술가 아닙니까! 조선 최고의 여성 화가인걸요."

"답답한 사람일세. 그림 그리는 게 뭐 대수라고, 여자가 집을 비우고 그림이나 그리고 다니고 말이야. 그게 말이 되나?"

"여자라고 못 할 게 무엇인가요? 훌륭한 그림이 어디 그리 쉽게 나온답니까."

"자네, 참 문젤세. 결혼할 때도 무슨 조건을 내걸었다며! 아니 뭐, 신혼여행을 첫사랑이 죽은 장흥으로 떠나 묘지에 비석을 세워 주었다던데, 사실인가? 자넨 속도 없나?"

이런 비난들 속에서도 김우영은 아내의 예술가적 재능을 지지해 주었고, 나혜석은 만삭의 몸으로도 개인전을 준비하는 열정을 보였다. 하지만 출산 이후 자녀에 대한 어머니의 맹목적 희생을 당연한 것으로 여기는 사회 풍조에 회의를 느끼고 이를 비

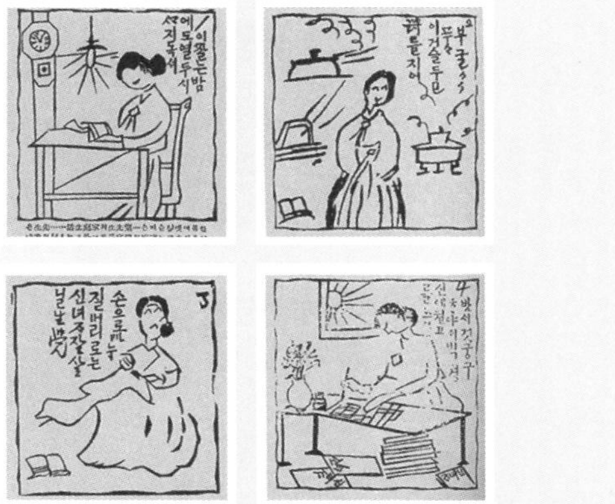

『신여자』에 실린 나혜석의 연속 목판화 〈김일엽 선생의 가정생활〉

판하는 「어미 된 감상기」를 잡지 『동명』에 발표한다.

"나는 할 일이 많다. 이제야 예술이 무엇인지, 인생이 무엇인지 알게 되었는데 이와 동시에 나는 어머니가 되어 가고 있었다."라며, 화가이자 아이를 기르는 어머니로서의 역할이 쉽지 않음을 고백했다. 모성애를 당연한 것으로 여기는 사회에서 "아이를 낳는 것, 아이에게 젖을 물리는 것이 너무 고통스럽다. 하지만 조선 사회에서는 여성들의 고통을 이해하지 않고 거룩한 것이니 너희가 참아라라는 식으로만 이야기한다."는 나혜석의 글에 얼마나 많은 사람들이 불쾌해했을지 상상하는 일은 그리 어렵지 않다.

"맞소, 여성의 출산과 양육은 당연한 것이 아니오. 무조건 희생하라고 하는 건 문제가 있소!"라는 이들도 있었겠으나, "그런

심정으로 아이를 키우는 어미라니, 어미로서의 도리를 저버리려는 것 아니오!"라고 말하는 이들이 더 많았을 시절이다. 나혜석은 그 이전에 누구도 말하지 않던 여성으로서의 고민, 인간으로서의 조건을 말하고 표현하여 사람들을 '불편하게' 만드는 여성이었다.

닿을 수 없는 세상을 꿈꾸며

"제2회 조선미전에서 자네의 처가 입선했다는 게 사실인가? 축하하네."

"하하, 고맙네. 여자는 남자의 부속물이니, 아내의 영광이 곧 나의 영광 아니겠나."

1923년 제2회 조선미전에 출품한 〈봉황성의 남문〉이 4등에 입선하자 김우영은 이를 자랑스럽게 여겼다. 하지만 '여자는 남자의 부속물'이라는 표현 때문에 나혜석과 크게 다툰다.

"아니, 여자가 남자의 부속물이라니요? 제가 당신에게 그런 존재였나요?"

"당신이 자랑스러워서 한 말인데, 뭐가 문제요?"

"당신의 명예나 높여 주려고 그림을 그린 건 아니었어요. 나는 당신의 아내가 아니라 화가 나혜석으로 인정받고 싶다고요!"

그 이후로도 나혜석은 꾸준히 조선미전에서 입선하며 성공한 전업 화가로서, 첫 여성 서양화가로서의 입지를 굳혀 나갔다. 하지만 서른한 살 즈음의 나혜석은 자기 그림에 대한 회의로 고통스러운 날을 보낸다.

"당신, 요즘 무슨 근심이 있소?"

"그림 그리는 이들을 환쟁이라고 하고, 저와 같이 그림 그리는 여성을 만날 수도 없으니, 답답하네요."

"당신이 조선 최초의 여성 화가라 그렇잖소."

"그러니 더욱 안타까울 수밖에요. 교육받을 기회가 동등하다면 그림을 그리는 또 다른 여성도 나와야지요."

"허, 참. 당신도."

"더구나 요즘 제 그림이 기교만 있을 뿐 정신적 진보가 없어 괴로워요. 그림을 그리지 않는 삶은 더욱 상상할 수 없고요."

정신적 진보가 없는 그림, 그림을 그리지 않고는 살 수 없는 삶 사이에서 절망하던 나혜석에게 남편 김우영과 떠난 세계 여행은 새로운 세상으로 나가는 문이었다. 1년 8개월간 이어진 세계 여행 기간 동안 나혜석은 열다섯 나라를 방문하며, 책에서 보아 오던 그림들을 미술관과 박물관에서 직접 보았다.

귀국 후 잡지 『별건곤』과의 인터뷰에서 여행의 소감을 밝히며 "우리가 여기서는 여자란 나부터도 할 수 없는 약자로만 생각되더니 거기 가서 보니 정치, 경제, 기타 모든 방면에 여자들의 세력이 퍽 많습디다."로 여성으로서의 정체성을 다시금 확인하는 말을 남기기도 했다. 나혜석은 다른 나라 여성들은 남자들과 동등하게 스스로 자신의 삶을 선택하며 자유로워한다고 느꼈다. 그리하여 더욱 남성의 영향력 아래 있는 조선 여성의 삶에 의문을 품을 수밖에 없었고 달라지기를 바랐다. 그녀는 사랑도, 연애도, 결혼도 달라질 수 있다고, 달라져야 한다고 생각했다. 그러나 그런 생각은 그녀의 삶에서 돌이킬 수 없는 파멸의 문을 열게 만들었다. 김우영이 베를린으로 법률 공부를 하러 간 사이 나혜석이 프랑스 외교관이었던 최린과 연인 관계가 되었기 때문이다. 자유로운 연애를 꿈꾸었지만 조선 사회는 나혜석의 말과 행동을 그대로 받아 주지 않았다.

최린과의 추문이 조선에까지 퍼지자 그녀는 곧 사회적 질타의 대상이 되었다. 남편 김우영과는 강제로 이혼을 하게 되고 친정마저도 나혜석에게 등을 돌리고 만다. 모든 것을 책임질 듯 말했던 최린은 나혜석을 남처럼 대했고 과거의 관습들이 달라져야 한다고 함께 논하며, 자유연애와 여성의 삶에 대해 함께 이야기했던 지인들은 재미난 구경거리를 만난 듯 방관하기만 했다. 그녀를 둘러싼 모든 문제가 나혜석이 이상한 여자였기 때문이라고 사람들은 입을 모아 말했다. 느끼는 대로, 느껴지는 대로 표현하려 했지만 세상은 나혜석을 인정해 주지 않았다. 그렇기에 더더욱 나혜석은 '나쁜, 이기적인, 천박한' 여자가 되어야만 했다.

인형으로 살기를 거부하다

나혜석에게 가장 많은 영향을 준 문학 작품은 헨리크 입센의 『인형의 집』이다. 동경 유학 시절 『인형의 집』을 읽으며 작품 속

'노라'의 모습이 자신이 나아가야 할 길이라고 생각했다. 노라가 남편의 만류에도 문을 열고 나가듯 아버지와 남편의 인형이기를 거부하고 스스로의 삶을 개척하는 것이 자신의 일이라 여겼다.

하지만 문밖의 노라, 아니 나혜석을 기다리고 있는 현실은 차갑기만 했다. 사회의 차가운 시선을 혼자 견디며 나혜석은 1934년 잡지 『삼천리』에 「이혼 고백서」를 발표한다. 자신의 결혼 생활과 이혼에 이르기까지의 과정을 적나라하게 고백하면서 조선 남성들의 허위를 고발한다.

> 조선 남성들 보시오. 조선의 남성이란 참으로 이상하고, 잘나건 못나건 간에 그네들은 적실, 후실에 몇 집 살림을 하면서도 여성에게는 정조를 요구하고 있구려. 하지만 여자도 사람이외다! (…) 내가 만일 당신네 같은 남성이었다면 오히려 호탕한 성품으로 여겼을 거외다. 조선의 남성들아. 그대들은 인형을 원하는가, 늙지도 않고 화내지도 않고 당신들이 원할 때만 안아 주어도 항상 방긋방긋 웃기만 하는 인형 말이오. 나는 그대들의 노리개를 거부하오. 내 몸이 불꽃으로 타올라 한 줌 재가 될지언정 언젠가 먼 훗날 나의 피와 외침이 이 땅에 뿌려져 우리 후손 여성들은 좀 더 인간다운 삶을 살면서 내 이름을 기억할 것이라.
>
> – 나혜석, 「이혼 고백서」 중에서

나혜석은 이 글을 발표함과 동시에 최린을 고소한다. 자신의 정조를 유린한 것에 대한 손해 배상 청구였다. 남편으로부터 이혼을 당할 때 최린은 나혜석의 생활비를 약속했지만 소문이 커지자 나혜석을 외면했다. 사람들의 손가락은 다시 한 번 나혜석을 향했다. 그녀가 문제인 듯, 그녀가 이상한 듯 여겼다. 평생에 걸쳐 쌓아 온 예술가로서의 이력은 아무 소용도 없었다. 경제적 불안, 신경 쇠약, 떠도는 삶이 시작되었고 그녀의 삶은 누구도 기억할 수 없는 모습으로 마감되고 오랫동안 잊혔다.

오늘날 나혜석은 작가로, 화가로, 사회학자로 평가된다. 하지만 그녀는 비극적 삶을 살아간 비운의 예술가 혹은 시대를 너무 앞서가 불운했던 예술가로 평가되기도 한다. 비슷하게 비극적인 죽음을 맞이한 이중섭이 가난과 외로움 속에서도 치열하게 예술혼을 불태운 화가로 설명되는 것과는 대조된다. 시대를 앞서간 여성은 오늘날에도 여전히 불운한 존재일 뿐 예술에 대한 열정을 갖기 어려운 셈이다. 나혜석의 비운과 불행이 그녀의 문제가 아니라 그녀를 따라잡지 못했던 사회와 관습 때문이었음을 놓치고 있는 건 아닌지 돌아봐야 하지 않을까?

> 사 남매들아! 에미를 원망치 말고 사회 제도와 도덕과 법률과 인습을 원망하라. 네 에미는 과도기에 선각자로 그 운명의 줄에 희생된 자였더니라.
>
> —나혜석, 「외로움과 싸우다 객사하다」 중에서

생각을 더해 주는 잇템!

까미유 끌로델

오귀스트 로댕의 유명한 조각상 〈생각하는 사람〉. 이 조각상은 186cm로 옷을 벗은 채 생각에 빠진 남성이다. 얼마나 깊은 생각에 빠져 있는지 자신이 실오라기 하나 걸치고 있지 않음도 잊은 듯하다. 그래서일까? 그를 보면 옷으로 구별되는 계층을 떠난 자유로운 인간을 떠올리게도 된다. 오른손을 턱에 괴고 숙인 자세에서는 쉽게 답을 구할 수 없는 질문에 대한 겸손함마저 느낀다.

하지만 만약 벗은 몸의 여성이었다면 어땠을까? 발가벗은 여성의 몸에서 성별을 떠난 '인간'을 떠올릴 수 있었을까? '생각하는'이라는 말을 벗은 여자의 조각상에 붙여 주긴 했을까? 그 당시 사람들에게 '생각하는' 존재이자 사람의 대명사는 '남자'였다. 감히, 여자가 생각을 할 수 있는 시대는 아니었다.

카미유 클로델은 바로 이 유명한 조각의 조각가인 로댕의 조수이자, 제자이자, 연인이었다. 로댕이 시기할 만큼 뛰어난 재능을 가졌으나, 사람들은 로댕이 그녀를 도와주었을 거라고 의심했다. 로댕을 뛰어넘는 조각가가 되고 싶었으나, 그녀는 늘 로댕

〈까미유 끌로델〉, 브루노 뒤몽 감독, 2013

의 그늘 아래 있었다. 아니, 사람들이 그녀를 로댕의 그늘 아래로 밀어 넣었다.

영화 〈까미유 끌로델〉은 바로 이 카미유가 로댕과 헤어진 후 정신 병원에서 보낸 날들을 보여 준다. 담당 의사가 병원을 나가도 좋다고 말했지만, 그녀 스스로도 가족의 품으로 돌아가길 바랐지만, 가족들의 외면 속에서 30년간 병원에서 지내다 홀로 죽는다. 나혜석의 죽음처럼 쓸쓸했다.

사람들이 그녀들을 외면한 이유는 단순하다. 그녀들은 스스로 생각하는 존재였다. 생각하고 느끼고, 표현하는 여자는 불편하다. 그녀들을 죽음으로 몰아간 건 예술도, 사랑도 아니라 불편함을 마주할 용기 없는 사회가 아니었을까?

4부

SPEAK!
말하라, 마땅한 권리를

Story 13

부당한 요구를 거부하여 세상을 바꾸다

— 로자 파크스

2013년 12월 1일, 당시 미국 대통령이었던 버락 오바마는 한 장의 사진을 다음 문장과 함께 자신의 트위터 계정에 올렸다.

> In a single moment 58 years ago today,
> Rosa Parks helped change this country.
> (58년 전 바로 오늘 이 순간,
> 로자 파크스가 이 나라의 변화를 도왔다.)

마음대로 하세요

오바마 대통령이 트위터에서 미국의 변화를 도운 사람으로 뽑은 로자 파크스(1913~2005)는 흑인 여성이다. 1955년 12월 1일, 몽고메리 페어 백화점에서 일을 마친 그녀는 지친 몸으로 클리블랜드 거리에서 버스에 올랐고 흑인 좌석의 맨 앞줄에 앉았다. 지금으로서는 도저히 이해되지 않겠지만 당시 버스에는 백인과 흑인의 좌석이 구분되어 있었다. 더구나 백인 좌석이 모두 찬 다음에는 앉아 있던 흑인은 좌석에서 일어나 서 있는 백인에게 자리를 비켜 주어야 했다. 그날 로자 파크스가 탄 버스도 예외는 아니었다.

백인 좌석이 다 차자 백인 버스 기사는 흑인들을 향해 말했다.

"어서 일어나 백인에게 자리를 양보하쇼."

다른 흑인들은 백인에게 자리를 양보했지만 로자는 그대로 앉아 있었다.

"아니, 어서 일어나라니까! 경찰을 부르겠소!"

"마음대로 하세요."

그녀는 이 한마디로 미국 사회의 흑인 시민권 운동에 불을 붙였다. 물론 잠시 뒤 그녀는 버스에 올라탄 두 명의 백인 경찰에게 붙잡혀 갔다. 로자는 자신을 연행해 가는 백인 경찰에게 물었다.

"도대체, 왜 이렇게 흑인들을 몰아내려고 하는 거예요?"

경찰이 답했다.

운동의 시작에는 "마음대로 하세요"라는
로자 파크스의 단호하고 침착한 목소리가 있었으며
그녀와 함께 모든 불편함을 감수한 흑인들이 있었다.

“낸들 알겠습니까, 법이 그렇다니까 어쩔 수 없는 거죠. 당신을 체포합니다.”

그날, 로자의 체포 사유는 ‘몽고메리 시 조례 6장 11절, 분리에 관한 법률’ 위반이었다. 이제 로자는 자신이 무엇을 바꿔야 하는지 알았다. 백인들이 만든 법, 그 법이 바뀌어야 한다는 사실을.

White의 물맛은 다를까?

로자가 미스 화이트 학교에 입학하고, 작은 마을이었던 파인레벨에서 몽고메리 시내로 옮겨 살았을 때의 일이다. 이모의 집에서 생활하던 로자는 어느 날 백인 거주 지역 클럽 옆의 공터에서 나무 열매를 주우며 놀고 있었다. 바로 옆에 있던 백인의 집에서 작은 백인 남자아이가 소리쳤다.

“야, 깜둥이들! 그 열매 그대로 내버려 두지 못해?”

로자와 사촌 애니메이는 그 아이를 노려보며 소리쳤다.

“너 이쪽으로 오지 않을래? 우리가 흠씬 두들겨 줄 테니.”

나중에 이 이야기를 들은 이모는 깜짝 놀라며 말했다.

“너희들 미쳤니? 입 닥치고 지내! 그 아이가 다른 사람한테 일러바치기라도 하면 너희 두 사람 린치당하는 건 시간문제야.”

정당한 법적 절차 없이 가해지는 폭력을 말하는 ‘린치’를 당하는 흑인들을 만나는 일이 어렵지 않았던 시절이었다. 단지 흑인이라는 이유로 백인들의 공격 대상이 되었다. 일상에서는 빈번

하게 차별이 일어났고 사람들은 무감각해질 정도로 익숙해졌다. 전차에서 흑인은 맨 뒷좌석에 앉아야 한다든지, 공공 급수대에서는 White가 아닌 Colored라고 적힌 수도의 물만을 사용해야 한다든지, 흑인 전용 택시만을 이용할 수 있다든지와 같은 것들이었다. 로자는 궁금했다.

'White라고 적힌 수도꼭지에서 나오는 물은 어떤 맛일까?'

난 우리가 결혼해야 된다고 봐

로자는 목수였던 아버지가 일감을 구하기 위해 집을 떠난 후, 몽고메리 시 파인레벨에 있는 외갓집에서 자랐다. 어릴 때 부모를 잃고 백인 농장주에게 학대받으며 성장한 로자의 외할아버지 실베스터 에드워즈는 백인들의 부당한 대우를 결코 용납해서는 안 된다고 가르쳤다.

"로자, 난 우리가 결혼해야 된다고 봐."

레이먼드 파크스는 로자에게 결혼을 얘기했다. 로자의 어머니는, "내가 너희 둘의 결혼을 허락했다."고 말했고, 1938년 둘은 화려하지는 않지만 사람들의 축복을 받으며 결혼식을 올렸다.

레이먼드는 몽고메리 시내에서 이발사로 일하고 있었고 그녀가 처음으로 만난 사회운동가였다. 그는 로자를 만나기 전부터 NAACP(미국흑인지위향상협회)의 회원이었다. 그는 로자가 외할아버지를 제외하고 처음으로 마음 편하게 인종 차별 문제에 대해 이야기할 수 있는 사람이었다.

"로자, 스코츠보로 소년 사건(The Scottsboro boys)에 대해 들어 보았어요?"

"아니요, 그게 뭐죠?"

"흑인 소년 아홉 명이 백인 여자 두 명을 강간했다는 누명을 쓰고 죽게 생겼어요. 판사가 나이가 가장 어린 소년을 제외한 나머지 여덟 명을 사형에 처할 것을 선고했거든요."

"아니, 어떻게 그런 일이 있을 수 있죠?"

"그 백인 여성 두 명이 자신들이 매춘 혐의로 기소될까 봐 옆에 있던 소년들을 기소한 거예요. 하지만 누구도 소년들의 말을 믿지 않아요."

"왜죠?"

"흑인이기 때문이지요. 난 그들이 풀려날 수 있도록 돕고 있어요. 물론 나도 위험해질 수 있다는 걸 알고 있어요."

1931년 3월 25일에 일어난 이 사건으로 흑인 소년들 9명 가운데 8명에게 1심에서 사형을 선고했다. 사건이 벌어진지 보름 뒤, 그리고 재판이 시작된 지 겨우 사흘 뒤였다. 백인 청중 수천 명이 재판을 참관하는 가운데, 흑인 배심원의 참여 없이 결정된 일이었다. 1937년 5명, 1976년 1명의 누명이 벗겨졌으나 그중 3명은 누명을 벗지 못한 채 세상을 떠났다. 사건이 일어난 지 82년이 지난 2013년이 되어서야 죽은 이들의 누명도 모두 벗겨진 이 사건은 미국 남부의 뿌리 깊은 인종 차별이 부른 대표적인 비극으로 불린다.

레이먼드의 영향을 받아 로자 역시 NAACP 회원이 되었고 유권자가 되기 위한 시도를 거듭한다.

"이번에도 유권자가 되지 못했군. 이해를 할 수 없어."

"흑인을 위한 유권자 등록 사무실은 언제 또 열리는 거지?"

"낸들 알겠어? 유권자 등록 사무실은 어쩌다 한번 열리고, 알려 주지도 않는데 우리같이 일하는 흑인들이 어떻게 날짜를 맞춰서 갈 수 있겠어."

"게다가 유권자가 되려면 백인의 신원 보증이 있어야 하잖아."

"문자 해독 테스트를 통해서도 유권자가 될 수 있으니까 그 방법에 계속 도전해야지. 그런데 내가 자꾸 떨어지는 이유를 모르겠어. 일부러 떨어뜨리는 건 아닐까?"

레이먼드와 결혼한 로자는 유권자가 되기 위해 노력한다. 유권자가 되어야 정치에 참여할 수 있고 정치에 참여해야 사회가 바뀔 수 있다고 믿었기 때문이다. 로자는 세 번이나 시도한 끝에 문자 해독 테스트를 통과했다. 하지만 시험에 통과하는 것만으로는 유권자가 될 수 없었다. 유권자가 되려면 인두세라는 것을 내야 했는데, 등록 즉시 스물한 살 이후 밀린 금액 모두를 납부해야 최종적으로 유권자가 될 수 있었다. 로자의 경우 서른두 살에 유권자 등록을 했으니 11년 치 인두세를 한꺼번에 내야 했다. 1년에 1.5달러씩 총 16.5달러를 내고 로자는 투표권을 얻을 수 있었다. 백인이었다면 스물한 살에 유권자 등록을 하고 매년 1.5달러씩을 내면 되었을 평범한 권리를 얻기까지 로자는 오랜 시간과 많은 돈이 들었다.

우리도 버스를 타지 맙시다!

1955년 12월 1일, 퇴근길 버스 안에서 백인에게 자리를 양보하지 않았다는 이유로, 버스에서 내리라는 기사의 요구를 거부한 이유로, 로자는 구치소에 수감되었다. 이 소식은 금세 몽고메리에 퍼졌다. NAACP의 대표였던 닉슨은 구치소에 전화를 걸어 혐의를 물었고 레이먼드는 평소 알고 지내던 백인에게 보석금을 빌려 구치소에 도착했다. 보석금을 걸고 로자는 풀려났고 재판은 4일 후인 12월 5일에 열릴 예정이었다.

“다시는 흑백 분리 버스에 타지 않겠어요. 일터까지 걸어가더라도 말이죠!”

닉슨은 로자의 말을 듣고 고개를 끄덕였다.

“이런 일이 다시 일어나지 않도록 해야 해요. 버스에서조차 흑인과 백인을 구분하는 건 잘못된 거라고요.”

“물론이죠. 로자, 당신이 이 사건을 고소하면 어떻겠소?”

닉슨과 이야기 나눈 뒤 로자가 이 사건을 고소하기로 결심하면서 흑백 분리의 합법성을 묻는 재판이 시작되었다. 로자의 결심을 듣고 여성정치위원회 회원들은 12월 5일, 재판이 열리는 날에 버스 보이콧을 하기로 의견을 모았다. 로자가 체포되었다 풀려난 목요일 자정, 앨라배마 주립대학에서는 3만 5천 장의 보이콧 전단지가 인쇄되었다.

'또 한 명의 흑인 여성이 경찰에 체포되어 구치소에 수감되었습니다. 버스에서 백인에게 자리를 내주지 않았다는 이유에서입니다. (…) 목요일에 체포된 이 여성은 오는 월요일에 재판을 받게 됩니다. 이에 우리는 모든 흑인 여러분들께 호소합니다. 그녀를 체포하고 재판에까지 회부한 것에 대한 항의의 표시로 월요일 하루 버스를 타지 맙시다.'

월요일 아침까지 버스 보이콧의 성공 여부는 예측할 수 없었다. 하지만 그날 버스를 타는 흑인들은 거의 없었다. 닉슨은 이날을 "우리가 우리 스스로를 깜짝 놀라게 했다."로 회상한다. 하지만 로자는 흑백 분리법 위반으로 유죄를 선고받는다. 하지만 로자가 이 사건을 상급 법원에 항소하면서 분리주의 법들은 폐지를 향해 나아가기 시작한다.

그날 이후

월요일 하루의 버스 보이콧으로 몽고메리 시 버스 회사가 바뀌었을 리 없다. 이후 사람들은 어떻게 했을까? 로자의 판결이 있은 후 사람들은 버스 보이콧을 계속하기로 뜻을 모은다. 당시 마틴 루터 킹 목사는 버스 보이콧을 계속하기를 호소한다.

"때가 왔습니다. 우리가 지칠 대로 지쳐 버린 때가 왔습니다. 오늘 우리는 이곳에 모였습니다. 우리를 인간 취급하지 않는 사람들에게 이 말을 하기 위해 모였습니다. 우리는 지쳤습니다. (…) 민주주의가 무엇입니까. 권리를 위해 싸울 권리를 보장하는 게 민주주의입니다."

사람들의 버스 보이콧은 계속 이어졌고, 버스가 아닌 택시를 기다리는 흑인들을 해산시켰으며 보이콧에 참여한 많은 사람들이 직장을 잃었다. 경찰은 안간힘을 쓰며 흑인들만의 교통수단을 막으려 했고, 보험 회사들은 보험 가입을 거부했고, 흑인을 협박하는 편지들이 도착했다. 하지만 이들의 운동을 응원하는 많은 사람들의 기부로 교회는 큰 짐차를 구입하고 이동이 필요한 사람들을 태워 주었다. 스무 대의 개인 승용차와 열네 대의 짐차, 서른두 곳의 대기 지점과 환승 지점이 결정되었다. 자발적 후원과 체계적인 조직으로 몽고메리 시의 버스를 이용하지 않고도 매일 3만 명의 출퇴근 승객을 소화할 수 있는 시스템이 마련되었다.

하지만 로자뿐 아니라 킹 목사와 20여 명의 다른 목사, 다수의 시민들을 포함하여 여든 아홉 명의 보이콧 관계자들은 기소되었다. 고소와 맞고소, 재판을 거치면서 드디어 1956년 12월 20일, 대법원 재판부는 흑백을 분리하는 버스 탑승 문제에 대한 소송이 정당하다고 판결했고, 다음 날 흑인들은 버스 탑승을 시작했다. 보이콧을 시작한 지 1년이 넘은 때였다. 하지만 연방대법원 판결 이후에도 몽고메리의 흑백 버스 통합은 쉽지 않았다. 일부 백인들은 흑인들이 탄 버스에 몰래 총을 난사하기도 하고 몽고메리 시는 버스에 통행금지 시간을 적용하여 대부분의 사람들이 출퇴근하는 시간에 버스 운행을 금지시켰다. 하지만 시간이 지나면서 폭력은 가라앉았고 앨라배마 주의 버밍햄이나 플로리다 주의 탤러해시 등 다른 도시에서도 흑인들의 버스 보이콧 운동이 거세졌다.

1964년 흑백 분리 정책을 법적으로 금지하는 시민권법이, 1965년 흑인 및 소수 민족에게도 참정권을 주는 투표권법이 제정되었다. 이러한 정책의 변화로 미국 내 흑인들의 사회적 지위가 향상되었다. 하지만 이 모든 운동의 시작에는 "마음대로 하세요."라는 로자 파크스의 단호하고 침착한 목소리가 있었으며 그녀와 함께 모든 불편함을 감수한 흑인들이 있었다. 그 어떤 폭력 없이, 버스를 타지 않는 행동만으로도 세상이 달라졌다.

생각을 더해 주는 아이템!

헬프

· 유색인 이발사는 백인 여자 머리를 손질해서는 안 된다.

· 백인 학교와 유색인 학교 간에 책을 맞바꾸어서는 안 된다.

· 흑인 남자가 입원한 병원에 백인 여자 간호사가 일하면 안 된다.

· 백인에 대한 유색인의 동등권을 주장하는 글을 인쇄, 출판, 배포하는 자는 체포, 투옥된다.

— 미시시피 소수 민족 행동 강령

매일 아침. 마을의 여자들이 모두 같은 빛깔의 옷을 입고 집을 나선다. 흐트러지지 않게 머리를 돌돌 말아 올리고 회색 옷을 입은 검은 피부의 '어린, 젊은, 중년의 여성들'이 노란색의 버스에 올라탄다. 엄마는 딸아이에게 절대로 백인 주인에게 말대꾸하지 말 것을 조언하는 아침, 이들은 모두 주인이 백인인 가정집으로 향한다. 이들은 백인의 아이를 돌보고 백인 식구들이 먹을 음식을 만들고, 청소와 빨래를 하며 더운 날에는 주인을 위한 부채질도 멈추지 않는다. 하지만 그녀들에게 돌아오는 말은 싸늘하다.

"유색인들은 더럽다니까. 세균이 득실거려."

〈헬프〉, 테이트 테일러 감독, 2011

그러면서도 백인 여주인들은 이들이 해 주는 음식을 먹고 이들이 빨아 준 옷을 입으며 산다. 스키터는 바로 이런 백인 여주인의 친구다. 그녀 역시 흑인 유모에게 길러진 백인 여성이다. 친구들이 가정부들을 대하는 모습과 자신을 길러 준 흑인 유모 콘스탄틴을 떠올리며 유색인들이 당하는 불공평함에 점점 관심을 갖는다.

스키터는 화장실을 사용했다는 이유로 친구 힐리의 집에서 쫓겨난 에이블린을 찾아가 그동안 당한 차별을 들려 달라고 한다. 에이블린은 일자리를 빼앗기게 될까 두려웠지만 인터뷰에 응한다. 그리고 차별 속에서 침묵했던 다른 가정부들을 설득한다. 스키터는 이들의 이야기를 엮어 '헬프(HELP)!'라는 제목의 책을 출간한다. 이 책으로 미시시피 잭슨 마을은 심하게 흔들린다. '혹시 이 책에 나오는 백인 여주인이 너 아니야?'라고 물을까 봐 두려운 마음을 사람들에게 심어 주었기 때문이다.

최초로 용기를 내 차별을 이야기한 에이블린은 버스에서 일어나기를 거부한 로자 파크스의 또 다른 모습이 아닐까?

Story 14

가정의 천사가 가고 싸우는 여자가 온다

— 에멀린 팽크허스트

영국 하면 사람들은 '신사의 나라', '해가 지지 않는 나라'와 같은 말을 떠올린다. 실제로 빅토리아 시대의 영국은 홍콩, 인도, 이라크 등 전 세계 4분의 1에 해당하는 국가를 식민지로 삼으면서 '해가 지지 않는 나라'가 되었다. 이들 식민지들은 1, 2차 세계 대전을 겪으면서 대부분 독립했지만, 해가 지지 않는 영국이라는 말의 이면에는 다른 나라를 침략하고 수탈했던 역사가 숨겨져 있음을 기억해야 한다. 물론 영국인들에게는 영광스럽고 자랑스러운 표현이었겠지만 말이다.

이렇게 다른 나라를 수탈했음에도 영국은 신사의 나라로 불린다. 성별이 매우 뚜렷하게 드러나는 '신사'라는 표현에서 우리는 검은색 턱시도를 입고 중절모를 쓴 콧수염을 기른 남성을 떠올린다. 그럼 겉모습 신사들의 삶은 어떠했을까? 신사라는 말에 어울리게 여성이나 어린이와 같은 약자를 배려하는 삶을 살았을까? 안타깝게도 그렇지는 않다.

빅토리아 시대로 불리는 19세기 때 남성은 여성이나 약자를 자신들의 소유물로 보았다. 당시 여성은 처음에는 아버지한테 속하고 결혼 후에는 남편한테 속하는 것으로 여겨졌으며 결혼을 하면 여성의 재산(여성이 입은 페티코트까지)은 물론 여성이 번 돈 역시 남편의 것으로 여겼다. 심지어 남편은 여성의 간통을 근거로 헤어질 수 있으나 그 반대는 성립되지 않았고 만일 막대기가 본인의 엄지손가락보다 더 굵지만 않다면 법적으로 아내를 때릴 권리도 있었다.

빅토리아 시대, 여왕의 나라였음에도 불구하고 영국의 남성들은 여성의 권리와 능력을 전혀 인정하려 들지 않았다.

가정의 천사는 가고 싸우는 여자가 오다

> 우리들 여성 참정권 운동가들은 막중한 임무를 갖고 있다. 아마도 그것은 세상에서 가장 중대한 임무일 것이다. 그 임무란, 바로 인류의 절반을 해방시키는 것이다. 그리고 그 해방을 통해서 인류의 나머지 절반을 구하는 것이다.
>
> —에멀린 팽크허스트, 「여성투표권」 중에서

빅토리아 시대와 그 이후 영국은 산업혁명이 안정기에 들어서면서 경제적으로 성장했고, 수많은 나라를 식민지로 삼았다. 하지만 영국의 여성들은 합법적으로 정치에 참여할 권리를 갖지 못했다.

1869년 존 스튜어트 밀과 같은 진보적인 남성 지식인들은 여성 참정권에 관심을 가졌고 1883년과 1892년에 전국적 수준의 여성 참정권을 부여하는 법안이 의회에 제출되었으나 모두 부결되었다. 1897년, 서명과 청원 방식으로만 활동하던 여성 운동가들이 모여 '전국여성선거권운동단체연합(NUWSS)'를 조직하여 비폭력 시민 불복종 운동을 전개했다. 하지만 의회는 여전히 여성들을 목소리에 귀 기울이지 않았다. 이제 여성들은 더 이상 가만히 앉아 있는 방식으로는 참정권을 획득할 수 없다는 사실을 깨달았고, 에멀린 팽크허스트(1858~1928)는 1903년 여성사회정치연맹(WSPU)을 설립하고 여성의 참정권 획득을 위한 전쟁을 시작했다.

"영국 정부가 가장 두려워하는 게 뭘까요?"

에멀린이 사람들에게 묻는다.

"글쎄요."

"그건 바로 재산입니다. 이제 우리는 정부에 타격을 주기 위한 행동에 돌입합니다! 우리는 싸워야 합니다. 남성 노동자들이 어떤 방식으로 참정권을 얻을 수 있었는지 기억해야 합니다. 그들은 노팅엄 성을 부수었고 하이드파크 울타리를 망가뜨렸습니다. 참정권 법안 반대 진영의 지도자인 뉴캐슬 공작의 성과 콜윅 성을 불태워 버리기도 했습니다. 우리도 그들과 같은 방식으로 정부에 타격을 줍시다!"

"우리가 개인의 재산을 파괴하는 게 정당한가요?"

"우리는 잘못하고 있지 않습니다. 재산권에 맞서서 인간의 권리가 지닌 가치를 강조하는 것이 우리의 임무입니다. 지금 재산이 모든 인간의 가치보다 우위를 차지하고 있습니다. 전 세계에서 매일매일 생명, 건강, 행복, 그리고 여성과 아동 등 인류의 가치는 재산이라는 신에게 무자비하게 희생되고 있습니다."

에멀린에 의해 여성들은 자신들의 권리를 찾기 위한 행동을 시작했다. 신사들이 기대하는 '가정의 천사'는 죽여야 한다는 버지니아 울프를 비롯하여, 여성의 권리를 외치는 목소리는 커다란 모자에 기다란 드레스를 입은 여성들을 길거리로 나서게 했다. 그녀들은 양산 대신 돌멩이를 들었고, 우체통을 불태우고, 골프장에 산성 용액을 뿌려 잔디를 망치고, 런던에서 가장 멋진 클럽들의 유리창을 깨뜨렸다. 런던탑의 보석 전시관에 침입하여 진열장을 깨뜨리고 크리스티안 왕세자의 거주지와 램버스 궁, 캔터베리 대주교의 주교관를 방문해 창문을 깨뜨리기도 했다. 그녀들의 목적은 무심했던 사람들이 여성의 참정권에 관심을 가지고 '참정권 주면 되는 거 아니야?', '정부가 뭘 하길래 이러는 거야?'라는 여론을 만드는 일이었다.

얘가 남자애로 태어나지 않아서 안됐어

1858년 영국의 맨체스터에서 출생한 에멀린은 어릴 적부터 부모님으로부터 노예나 해방에 대한 이야기를 들으면서 성장했다.

"엄마, 오늘도『톰 아저씨의 오두막』읽어 주실 거죠?"

"그럼, 잠들기 전에 엄마가 읽어 줄게. 너는 이 소설의 어디가 좋니?"

"일라이자가 깨진 얼음을 딛고 오하이오강을 건너가는 모습, 흑인 소년이 농장에서 탈출하는 장면 같은 거요. 사실은 재미있다기보다는 무섭고, 도망치는 노예가 불쌍해요."

"그렇구나, 에멀린."

에멀린의 아버지 로버트 굴든은 노예 제도를 반대하는 인물이었다. 당시 영국에서는 미국에서 막 해방된 가난한 흑인 노예들을 돕는 기금을 마련하는 바자회가 열리기도 했는데, 에멀린의 가족은 기금을 모으는 데 동참했다. 이렇듯 급진적으로 보이는 가정이었지만 남녀의 차별은 존재했다. 오빠들이 학교에 갈 시기가 되자 이 차별은 뚜렷하게 드러났다. 오빠들과 달리 소녀 교육의 최대 목표는 '집을 매력적인 것으로 만드는' 것에 있었기 때문이다. 침대에 누워 잠을 청하던 에멀린에게 한 아버지의 혼잣말은 남녀 차별이 얼마나 일상적이었는지를 보여 준다.

"얘가 남자애로 태어나지 않아서 안됐어."

에멀린의 남편 리처드 팽크허스트는 '여성무자격제거법안'이라고 알려진 최초의 여성 선거권 법안 초안을 작성한 사람이다. 이 법은 하원의원인 제이컵 브라이트가 1870년 하원에 제출했고 다수결을 통해 최종적으로 이를 심의하는 단계인 독회에 상정되었지만 윌리엄 글래드스턴 수상의 독단적인 명령으로 위원회에서 기각되었다. 이후 리처드 팽크허스트는 선거인 명부에 이름을 올리려는 맨체스터 여성들을 위한 상담 고문으로 활동하고 있었다. 남편의 지지는 에멀린이 여성의 투표권에 관심을 가지고 적극적으로 행동할 수 있었던 이유 중 하나였다.

자유당 지도자들은 에멀린에게 무임금 공직(공적인 업무)에서 활동할 것을 권한다.

"왜 여성이 무임금 공직에 봉사해야 하는 거죠?"

"도시 지자체의 공직, 무임금 공직에 봉사함으로써 자신들이 의회 차원의 선거에도 참여할 수 있음을 증명할 수 있을 테니까요. 비록 임금은 받지 않지만 공적인 업무에 참여해서 능력을 보인다면 여성은 정치를 모른다는 남성들의 편견을 깰 수 있을 테니까요."

자유당 지도자들의 이런 충고를 따라 빈민구제위원으로 활동하게 된 에멀린은 남자들이 만든 세상의 비참함을 피부로 느끼게 된다. 에멀린은 남편이 죽어 무일푼이 된 여성, 하녀로 일하다 임신을 하게 되어 쫓겨난 여성들을 만났으며 임신한 소녀들이 출산 직전까지 일하고 아이를 낳고는 2주 안에 보호소를 떠나거나 아이를 맡겨야 하는 현실을 보았다. 또 아이를 맡은 사람은 20파운드를 받고 정부의 관리와 감독을 받지 않아도 되는 '아기 농부'가 되는 과정을 알게 되었다. 관리되지 않는 탓에 아이들은 쉽게 죽어 갔고 그들은 쉽게 돈을 벌었다. 이런 실상을 눈으로 확인한 에멀린은 엄마로서, 주부로서의 경험을 바탕으로 빈민원의 비효율을 지적하고 개선하기 위해 노력한다.

"아니, 음식들을 왜 이렇게 낭비하는 거죠?"

"일정한 양의 음식을 배급해야 하니까요."

"배급에서 빵이 차지하는 양이 너무 많으니까 누구도 다 먹지 못하잖아요. 빵을 잘게 잘라서 마가린을 바르고 먹고 싶은 만큼만 먹게 해요. 그리고 절약한 값으로 푸딩 등을 만들어 주어요."

"도대체 아이들이 왜 차가운 돌바닥을 닦아야 하죠? 이 아이들은 옷이 없어서 밤에는 아무것도 입지 못하고 교육도 받지 못하잖아요."

"지금까지 그래 왔어요. 뭐가 문제죠?"

지금까지 그래 왔고 달라질 이유를 찾지 못하는 이들을 만나며 에멀린은 여성들이 참정권을 가져야만 하는 이유 하나를 더 찾았다. 남성들은 관심 없는 여성과 아이의 삶을 위해서라도 말이다. 에멀린은 말한다.

"여성들이 투표권을 가지면 집에 머물며 아이들을 돌볼 수 있을 것입니다. 하지만 당신들 남성들은 이 엄마들이 그렇게 하지 못하도록 만들고 있습니다."

에멀린은 여성들이 배제된 법이 아니라 여성의 삶에 관심을 가지는 법이 제정된다면, 여성들의 경험과 의견이 정치에 반영된다면, 여성의 삶이 분명 나아질 것이라 믿었기 때문이다.

외침과 투쟁으로 얻은 한 표의 권리

1903년 만들어진 여성사회정치연맹은 오로지 여성들만으로 구성되었고 이들의 유일한 목표는 여성의 참정권 획득이었다. 법적인 절차를 준수하며 여성들이 참정권을 획득하기 위해 노력했지만 1910년 6월 14일, 선거권 조정 법안이 무산되면서 여성들이 거리에 나서는 암흑의 금요일을 맞이하게 된다.

"이번 일은 여성사회정치연맹이 법안을 입법하기 위해서 마지막으로 시도한 합법적인 노력이었습니다. 하원에서 우리 법안을 논의할 시간을 확보할 수 없다는 선언을 듣게 된다면, 우리가 취할 첫 번째 단계는 이렇게 선언하는 것입니다. '당신들이 우리를 돕는 데 실패했기 때문에 우리가 그 법안을 당신들 손에서 빼앗아 올 것이고, 우리 스스로 캠페인을 벌이는 방향으로 나아갈 것이다.'라고요."

실제로 에멀린은 수상에게 청원서를 보내러 하원으로 가기 위해 대표단을 꾸렸고 길거리에는 시위에 동참하는 수많은 여성들이 모여들었다.

이날 경찰은 여성들을 붙잡아 집어 던졌고 얼굴, 가슴, 어깨를

때리며 난폭하게 진압했다. 경찰은 여성들의 해산이 목적이었지만 군중들은 여성들이 왜 얻어맞고 있는지 궁금해했고, 여성들이 법을 어긴 게 아니라면 어째서 평화롭게 행진하도록 놔두지 않는지 물었다. 오랜 시간에 걸친 폭력적인 진압으로 160여 명의 여성들이 감옥에 끌려갔고 후에 사망하기도 했다. 이날 그리고 그다음 날에 수상 관저와 재무장관의 관저, 윈스턴 처칠 등의 집 유리창이 깨졌다. 에멀린 역시 유리창 깨기, 방화, 가두시위 등의 행위로 12차례 체포되었다가 풀려나기를 반복했다.

영국의 참정권 역사를 보면 처음에는 지주 남성에게만 있던 참정권이 중산층 남성, 도시 숙련공, 모든 남성으로 확대된다. 이 과정에서 남성들이 창문을 깨면 정치적 행위라 보았고 여성들이 창문을 깨면 범죄로 인식했다. 하지만 그녀들은 시민권, 참정권을 얻기 위해 기꺼이 감옥에 갔고, 오랜 투쟁 끝에 1918년 21세 이상의 남성과 30세 이상 여성에게 투표권을 부여하는 법률이 제정되었다. 에멀린이 사망한 1928년에는 21세 이상의 모든 여성에게 투표권을 부여하는 국민평등선거권을 위한 법이 제정된다.

신사의 나라 영국에서 말이 아닌 행동으로 권리를 찾은 여성들은 드디어 종이 한 장으로 실현될 수 있는 정치적 권리를 얻었다. 이제 그녀들의 외침과 투쟁으로 얻은 이 한 표의 권리가 여전히 불평등한 여성의 삶을 위해 쓰여야 할 때이다. 에멀린이 외친 '남성과 여성에게 동등한 정의를, 동등한 정치적 정의를, 동등한 법적 정의를, 동등한 산업적 정의를 그리고 동등한 사회적 정의를' 위해서 말이다.

에멀린은 여성들이 배제된 법이 아니라
여성의 삶에 관심을 가지는 법이 제정된다면,
여성들의 경험과 의견이 정치에 반영된다면
여성의 삶이 분명 나아질 것이라 믿었기 때문이다.

생각을 더해 주는 잇템!

서프러제트

우리나라 만 19세의 남녀 모두 투표를 할 수 있는 권리가 있다. 작은 종이 한 장에 자신의 의사를 밝히는 도장을 한 번 꾹 찍는 일이 뭐 그리 대단한 것인가 싶을 수도 있겠지만 아무렇지 않아 보이는 이 일을 위해 투쟁한 역사는 길다. 우리가 자유와 평등의 나라로 굳게 믿고 있는 프랑스의 경우에도 우리나라보다 불과 2년 빠른 1946년에서야 성인 남녀에게 투표권이 주어졌다.

'suffrage(서프러제그)'는 참정권을 뜻하는 말이다. 간단하게 말하자면 국민이 주권자로서 정치에 참여할 수 있는 권리를 말한다. 이해하기 힘들게도 이 국민에는 오랫동안 여성이 포함되지 않았다. 'suffragette(서프러제트)'는 바로 이 이해하기 힘든 일을 모두가 이해할 수 있도록 만들기 위해 투쟁한 운동가들을 뜻하는 말이다. 에멀린 팽크허스트와 그녀의 딸들 크리스타벨, 실비아를 포함하여 수많은 여성사회정치연맹의 회원들이 서프러제트들이었다. 그녀들은 국민의 일원으로서 참정권을 얻기 위해 방화, 유리창 깨기 등의 행동을 하면서 싸웠기에 '전투파'라 불리기도 했다.

〈서프러제트〉, 사라 가브론 감독, 2015

영화 〈서프러제트〉는 에멀린 팽크허스트의 삶을 중심으로 영국에서 일어난 참정권 운동가들의 이야기를 담았다. 그중 에밀리 와일딩 데이비슨은 1913년 영국 국왕 조지 5세가 참관하는 경마 대회에 잠입하여 달려오는 말 앞으로 뛰어든 서프러제트다. 결국 그녀는 죽었고 국왕에게 직접 청원했지만 여성의 참정권 문제는 쉽게 해결되지 않았다.

영화는 영국 내 참정권 역사만을 다루고 있지만 그녀들의 움직임은 전 세계의 여성들에게 국민으로서의 주권을 생각하게 했다. 우리는 이미 주어진 권리를 누리고 있기에, 참정권이 갖는 의미와 역사를 굳이 되새기지 않으면 알기 어려운 일이 되었지만 1893년 뉴질랜드, 1902년 호주, 1906년 핀란드, 1920년 미국, 1928년 영국, 1946년 프랑스에 이어 1948년 우리나라, 2015년 사우디아라비아까지, 여성이 참정권을 얻은 역사는 그리 길지 않다. 어렵게 얻어 낸 이 권리를 우리가 저버릴 이유는 어디에도 없다.

Story 15

편하게 입을 권리

— 가브리엘 샤넬

"디자인은 어떻게 보이고 느껴지느냐의 문제만은 아닙니다. 디자인은 어떻게 기능하느냐의 문제입니다."

스티븐 잡스의 말이다. 새로운 제품이 나올 때마다 그는 직접 나서서 프레젠테이션을 했고, 사람들은 '혁신'이라는 단어를 떠올렸다. 그가 내놓은 제품들의 디자인은 간결했으며 기능은 뛰어났다. 그는 이전의 누구도 상상하지 않았던, 아니 시도하지 않았던 것들을 시도했고 만들었다. 이제 스마트폰 사용은 너무나 익숙한 삶의 모습이지만, 불과 10여 년 전만 해도 사람들은 카메라, mp3 플레이어, 전화기 등을 따로 가지고 다녔으며, 손끝의 터치만으로 세계 반대편의 소식을 알고 걸어 다니면서 물건을 사고 영화를 보고 게임을 하게 될 줄은 상상하지도 못했다.

스티븐 잡스가 늘 검은색 터틀넥에 청바지를 입고 나와 프레젠테이션을 했던 것처럼 가브리엘 샤넬(1883~1971)도 직접 디자인한 의상과 액세서리를 착용하고 사람들 앞에 섰다. 그녀의 모습을 본 사람들은 샤넬 제품을 어떻게 입어야 하는지 알 수 있었고 그녀처럼 입기 위해 상품을 구매했다. 잡스가 전자 제품으로 사람들의 삶의 방식을 바꾸었다면 가브리엘 샤넬은 옷으로 여성들의 삶의 방식을 바꾸었다. 하지만 사람들이 처음부터 샤넬의 옷을 좋아했던 것은 아니었다. 허리를 조이고 레이스가 달린 화려한 장식으로 꾸민 옷이 여성이 입기에 적당한 것이라 생각하는 사람들이 여전히 많았기 때문이다

"아니, 이런 망측한 옷을 어떻게 입고 다녀요?"

"그럼 레이스가 치렁치렁하고 걸을 때마다 다리에 옷이 감기는 드레스를 입고 일을 어떻게 해요?"

"그게 무슨 상관이에요?"

"상관있어요! 여자들도 아름답지 않아도 편하게 입을 권리가 있어요."

"그건 일하는 여자들이나 그렇죠. 여자가 망측하게!"

산업이 발달하기 시작했고 여성들의 학력은 높아졌다. 직업을 갖는 여성들이 생겨났고 경제력도 높아졌으며 남자들의 전유물이라 여겼던 스포츠에 참여하는 여성들도 늘어났다. 이런 여성들이 등장함으로써 기존 여성 옷의 불편함이 더욱 드러났다. 당

시에 유행했던 옷은 버슬 스타일이었다. 허리받이를 넣어 스커트의 뒷자락을 부풀게 하는 것으로 여성스러움이 강조되었지만 발끝까지 내려오는 치마 길이와 과도한 허리 장식은 걸음이나 행동을 불편하게 만들었다.

이때 샤넬이 세상에 내놓은 것이 무릎 아래로 5~10cm가 내려오는 샤넬 라인이었다. 여성스러우면서 활동적인 스타일에 사람들은 감탄했고 샤넬은 디자이너로 점차 이름을 알리기 시작했다. 오늘날의 배기팬츠, 카디건, 주머니가 있는 상의, 스포츠 웨어들도 모두 샤넬의 작품에서 시작된다. 그녀는 코르셋을 버렸고 움직임이 자유로운 옷을 만들었다. 혁신은 새로운 것을 만드는 것뿐 아니라 있는 것을 버리면서도 시작될 수 있다.

모자 가게를 열다

"그 모자 어디에서 산 거예요?"

"캉봉 거리에 있는 샤넬 모드에서요. 어때요? 괜찮나요?"

"네, 너무 예뻐요. 거추장스럽지 않고 좋아 보여요."

샤넬은 1910년 파리의 캉봉 거리에 '샤넬 모드'란 여성용 모자 가게를 열었다. 그녀가 만든 모자는 화려한 꽃, 깃털, 장식들을 떼어 내고 하얀색 리본 하나만 두른 형태였다. 확연하게 스타일이 다른 이 간단한 모자에 많은 여성들이 마음을 빼앗겼다.

1883년 태어난 샤넬의 원래 이름은 가브리엘 샤넬이었다. 어머니의 죽음, 아버지의 부재, 오바진 수녀원에서의 성장으로 요약할 수 있는 시절을 보낸 가브리엘 샤넬은 물랭에 있는 바(bar)인 '라 로통드'에서 댄서와 가수로 활동하면서 코코 샤넬이 된다. 그녀가 즐겨 불렀던 노래 '코코'에서 유래된 별명이었다. 'C' 자 두 개가 사슬처럼 얽혀 있는 샤넬 브랜드의 상징이 여기에서 유래되었다고 보기도 한다.

열아홉의 샤넬은 물랭의 한 양품점에서 일하면서 바에서 노래를 부르다 만난 에티엔 발상의 연인이 된다. 모자 가게는 에티엔의 도움으로 문을 연 샤넬의 첫 가게였다. 에티엔을 통해 샤넬은 상류층의 예절과 교양을 배우고 당대 최고의 미술가, 소설가, 시인, 배우 등의 친구들을 사귈 수 있었다. 그중 아서 카펠은 나중에 에티엔과 헤어진 샤넬의 사업 파트너이자 사랑하는 연인이 되었다.

"샤넬, 당신의 디자인은 늘 새롭고 아름답군요."

"고마워요. 카펠. 모두 당신의 도움 덕분이에요."

"아니에요. 난 투자자예요. 당신에게 이런 재능이 없었다면 아무리 사랑했더라도 투자하지 않았을 거요."

모자 가게가 성공하자 샤넬은 카펠과 1913년 프랑스 도빌에 새로운 부티크를 연다. 그녀는 남성적이면서 실용적인 스타일, 입기 편한 상하의의 시대의 문을 열었다. 1916년 잡지 『보그』는 "저지 소재의 샤넬 의상을 보는 순간, 갖고 싶어서 견딜 수 없을 것이다."라며 샤넬의 새로운 스타일을 소개했다. 간결하면서 값싼 소재로 만든 옷 덕분에 그녀는 경제적으로 독립하게 된다.

샤넬 No.5와 리틀 블랙 드레스

"조향사를 소개해 주세요. 향수를 만들고 싶어요."

"향수요?"

"그래요. 스타일을 완성해 주는 향수죠. 향은 제가 직접 고를 거예요."

조향사는

"요즘 유행하는 향은 꽃향기처럼 달콤한 향이에요."

라고 조언했지만 샤넬은

"저는 그런 향이 아니라 새로운 것을 원해요."

라며 자신만의 스타일로 새로운 향을 만들어 낸다. 그것이 바로, 1921년 최초로 디자이너의 이름을 붙여 나온 향수 '샤넬 No.5'이다. 오늘날에도 팔리고 있는 샤넬의 향수는 당시 유행하던 꽃향기와는 분명 달랐다. 알데하이드를 포함한 여든세 가지가 넘는 재료로 만들어진 이 향수는 기존에 없던 새로운 향이었다.

"이름은 무엇이라고 할까요? 디자이너 풀 푸아레의 'Au clair la lune(달빛)' 같은 몽환적인 느낌이면 어떨까요?"

"아니요. 그런 이름 말고 좀 더 새로운, 그래요, 제 이름을 따서 '샤넬 No.5'로 하죠. 용기도 사각 진 형태로 만들어요. 기존의 것과는 차별되도록요."

"사람들이 좋아할까요?"

"아름다운 형태나 이름에 홀리듯이 물건을 구매하면 안 된다는 메시지를 전하는 거예요. 요즘 미술계에도 숫자가 등장하잖아요. 예전에 누가 숫자를 그림에 그렸겠어요. 숫자는 어떤 것보다 실용적인 느낌을 주죠."

"네?"

"사람들에게 이름만으로도 샤넬이 얼마나 진보적인지 전하는 거예요. 기존의 것들을 따라 하는 건 새롭지 않잖아요? 아마 사람들도 새로운 것을 원할 거예요."

샤넬의 예상은 적중했다. 당시 사회는 경제, 과학, 이성의 시대로 숫자가 지닌 효율성과 중요성에 주목했다. 실제로 미술계에서도 입체파나 러시아 구성주의 작가들의 작품에 숫자가 등장하기도 했다. 어떤 장식물도 없이 사각형의 용기와 샤넬의 로고만 새겨진 라벨은 기존의 질서를 무너뜨리고 이성적이고 분명한 것을 원하는 소비자의 심리를 간파한 디자인이었다.

샤넬의 혁신은 끝나지 않았다.

"아무리 샤넬이라지만 누가 상복 같은 검은색 옷을 입겠어요!"

"아니에요. 두고 보세요. 남성들의 옷이 가진 시크함이 여성들의 옷이라고 달라지겠어요. 매일 강렬하고 화려한 색이라니요."

1926년 샤넬이 리틀 블랙 드레스를 발표하자 사람들의 반응은 뜨거웠다. 『보그』는 이 드레스를 "The Chanel 'Ford'"로 극찬했다. 포드사가 부유층만이 탈 수 있었던 자동차를 서민들의 생필품으로 만들었던 것처럼 그녀의 드레스가 대량 생산이 가능한 형태였기 때문이다.

"사세요! 사요! 이번에 나온 샤넬 스타일 드레스입니다!"

"샤넬 선생님의 옷을 저렇게 파는데 괜찮을까요?"

"그냥 두세요. 제 옷이 인기 있다는 증거니까요."

실제로 샤넬의 옷은 장식이 별로 없고 단순한 디자인 때문에 복제되어 팔리기도 했는데 샤넬은 이를 자신이 만든 옷에 대한 인기로 여겼다. 화려한 색깔과 장식이 달린 옷들 사이에서 샤넬이 선보인 검은색의 옷은 시크함이 더 이상 남성들만의 것이 아님을 선언하며 옷을 통해 드러나던 성별과 계급의 흔적을 지웠다.

패션은 모든 순간에 존재하는 것이다

"노동 환경을 개선하라!"

1939년 샤넬이 거느린 4천 명의 재봉사들이 가혹한 노동 조건 때문에 파업을 하자 샤넬은 충격을 받고 은퇴를 선언한다. 연이어 제2차 세계 대전이 일어나고 프랑스는 독일군에게 점령당한다. 많은 프랑스인들은 조국을 되찾기 위해 레지스탕스 활동을 했지만 샤넬은 독일군 장교 한스 군터 폰 딩클레지와 만나면서 안전을 보장받았다. 프랑스가 해방된 뒤 샤넬은 독일에 협력했다는 이유로 체포되었다가 영향력 있는 인사들의 도움으로 풀려나 10년 동안 스위스에서 망명 생활을 한다.

"이제 파리로 돌아가야겠어. 디올과 지방시의 옷들이, 해방시키려 했던 여성들의 몸을 다시 조이는 것 같군."

샤넬은 새로운 남자 디자이너들이 내놓은 옷들이 과거와 같이 여성들의 몸을 조이는 스타일이라고 생각했다. 사람들의 비난이 잠잠해질 즈음 프랑스로 돌아온 샤넬은 샤넬 슈트와 트위드 재킷을 발표한다. 우아하면서도 중성적인 느낌, 활동하기 편한 옷을 표방하며 등장한 샤넬 슈트는 "활동적인 여성을 위해 만들어졌다. 나는 편하게 입을 수 있으면서도 여성성을 포기하지 않아도 되는 옷을 입혀 주고 싶었다."로 설명된다.

사실 옷, 신발, 가방, 액세서리, 향수, 화장품에 이르기까지 샤넬의 제품들은 과거에나 지금에나 비싸서 구입하기 힘든 물건들이다. 더구나 이 제품들은 유행을 타고 사라지기도 하고 다시 등장하기도 한다. 하지만 옷이 사라지더라도 옷의 기준은 남는다. 샤넬의 제품은 여성들의 허리를 조이고, 신분을 드러내고, 환상으로 속이는 것보다 여성들의 삶을 편안하게 해 주면서도 아름답고 계층에 상관없이 우아하며, 환상보다는 이성을 강조하며 기존과는 구분되는 새로움을 강조한다.

"패션은 단순한 옷의 문제가 아니다. 패션은 바람에 깃들어 공기 중에 존재한다. 사람들은 그것(패션)을 느끼고 들이마신다. 그것은 하늘에도, 길거리에도 존재한다. 그것은 모든 곳에 존재한다. 그것은 생각, 격식, 사건에서 비롯된다."

패션이 단순한 옷의 문제가 아니라 모든 순간에 존재하는 것이라 여겼던 샤넬의 기준은 패션이 사람들의 삶의 방식을 변화시킬 수 있다는 믿음과 관련된다. 패스트 패션의 시대라 불리는 오늘날의 패션에는 어떤 삶의 방식이 담겨져 있는지 생각해 볼 일이다.

피에타-죽은 아들을 안은 어머니

보티첼리의 〈아프로디테의 탄생〉 속 여신은 바다 위로 떠오른 거대한 조개 속에 알몸으로 서 있다. 환상적인 비율, 매끈한 피부, 식스팩의 소유자이기도 한 이 여신은 그 이후로도 여러 번 다른 화가의 그림에 등장한다. 심지어 예수의 어머니 마리아도 그림 속에서는 여신들과 별반 다르지 않은 포스를 뽐낸다. 미켈란젤로의 조각 〈피에타〉 속 마리아는 보티첼리의 여신들보다 조금 해쓱해졌을 뿐 아름답기는 마찬가지다.

아름다운 여신의 모습은 여전히 오늘날에도 이름을 뽐내며 여신 아닌 사람 여자들의 삶을 피곤하게 만든다. 타고나지 않으면 불가능한 이 비율에 가까워지기 위해 사람들은 밥을 굶고 운동을 하고 허리를 조이는 속옷을 입는다.

'왜 여자들은 아름다워야 하는가?' 되묻지 않을 수 없는 그림들 앞에서, 케테 콜비츠의 〈피에타-죽은 아들을 안은 어머니〉는 전혀 다른 느낌을 준다. 케테 콜비츠는 제1차 세계 대전으로 두 아들을 잃고 반전을 외치는 어머니가 되었다. 인류를 위해 희생한 예수의 죽음처럼 자신의 두 아들이 평화를 가져오기 위한 희

〈피에타—죽은 아들을 안은 어머니〉, 케테 콜비츠, 1937~1938,
베를린 노이에 바헤

생양이 되길 바랐을 어머니의 심정은 어둡고 차갑게 묘사되어 있다. 더 이상 매끈하지도 완벽하지도 않은 비율이지만 그 어떤 피에타보다도 슬픔에 다가서게 한다.

샤넬이 말한 패션이 모든 것에 존재하며 그것들이 서로 전해진다는 것의 의미는 어쩌면 옷이 아니라 옷 안에 담긴 사람들의 마음일지도 모른다. 뭉툭하고 어둡지만 케테 콜비츠의 청동상에서 느껴지는 슬픔처럼 말이다. 무엇을 입는가보다 어떤 마음으로 입는가가 더 중요한 것일지도 모른다. 샤넬이든, 아니든!

Story 16

누구에게나 글을 쓸 권리가 있다

— 버지니아 울프

셰익스피어는 영국을 대표하고 영국인이 사랑하는 희곡 작가다. '사느냐, 죽느냐 그것이 문제로다.'의 「햄릿」에서부터 「로미오와 줄리엣」, 「베니스의 상인」 등 그의 수많은 작품은 여전히 무대에서 공연되며 광고, 그림, 영화 등으로 새롭게 탄생하기도 한다.

하지만 만약 그가 '그녀'였다면 셰익스피어의 작품은 우리에게 전해지지 않았을지도 모른다. 16세기에 이와 같은 재능을 지닌 여성들은 교육을 받을 수도, 글을 쓸 수도 없었을 테니까 말이다.

셰익스피어가 남자가 아니라 여자였다면, 아니 그만큼이나 상상력과 모험심이 가득했던 여동생이 있었다면 어떠했을까를 상상해 본 작가가 있다. 상상의 끝은 이렇다.

'16세기에 태어난 위대한 재능을 가진 여성들은 틀림없이 미치거나 총으로 자살하거나 또는 마을 변두리의 외딴 오두막에서 절반은 마녀, 절반은 요술쟁이로 공포와 조롱의 대상이 되어…….'

이런 상상은 버지니아 울프(1882~1941)가 당시 영국에 단 두 개밖에 없었던 여성 대학에서, 심지어 여성은 대학을 다녀도 학위를 받을 수 없고, 대학 구성원으로 인정받지 못했던 시절에 '여성과 픽션'이라는 주제로 강연을 준비하는 동안 이루어졌다. 19세기, 참정권과 기혼 여성의 재산권, 여성이 인간으로서의 권리를 찾아 나가기 시작할 무렵이었다.

바로 이 시기에 기록조차 남아 있지 않은 16세기 여성들이 어떤 삶을 살았을까 상상하는 일은 그리 어렵지 않다. 여성의 기록이 남아 있지 않은 이유는 그녀가 아이의 방을 나오기 시작하면서 집안일을 돕고, 결혼을 하고 다시 집안일을 하다가 죽었기 때문일 테니까. 그녀는 남자들처럼 모험을 할 수도, 글을 배우거나 글을 쓸 수도 없었다.

만약 셰익스피어에게 그와 같은 재능이 있는 여동생이 있었다 하더라도, 그녀는 모험과 망상을 할 시간에 그릇을 치우고,

빨래를 했을 것이다. 이런 추측과 상상의 끝에 버지니아 울프는 말한다. "만약, 셰익스피어의 여동생에게 자기만의 방과 연간 500파운드의 수입이 있었다면 그녀 역시 훌륭한 작품을 남겼을 것이다."라고. 그리고 사람들은 말했다.

"아니, 이게 무슨 해괴한 논리야?"

"여성이 무슨 능력이 있다는 거야? 도서관에 있는 수많은 글들은 다 남자들이 썼다고!"

"여성들은 그저 남자들의 보호 아래 있어야 하는 거야!"

이에 대한 버지니아 울프의 반박은 간단하다.

"여성이 능력이 없었던 건 아닙니다. 다만, 여성은 남성들이 당연히 누리고 있던 것들을 누리지 못했을 뿐입니다. 자기만의

방도, 자기만의 수입도 없는 여성이 어떻게 글을 쓸 수 있었을까요?"

하이드파크 게이트 22번지, 두 개로 나뉜 공간

"이번에 인도인이 일으킨 반란 때문에 골치가 아파요."

늙은 비들 장군의 말이다. 버지니아의 아버지인 레슬리 스티븐은 일요일 오후에 찾아온 손님과 이야기를 나눈다. 둥근 탁자 위에 조개껍질 모양의 접시가 놓였고 그 안에는 양념을 넣은 빵이 담겨 있다. 비들 장군이 오지 않는 날이면 C. B. 클라트가, 윌스텐홈 교수가 오기도 한다. 누가 오든 일요일 오후는 여유롭고 즐겁다.

하지만 문 반대편은 항상 시끄럽고 분주하며 위로받고 싶어하는 이들로 넘쳐 난다.

"지난번에 일하던 하인을 해고했습니다."

"남편이 죽은 뒤로 어떻게 살아야 할지 모르겠어요."

"월터 헤들럼이 당구대로 내 코에 분필 가루를 묻혔어요!"

버지니아의 어머니 줄리아 스티븐은 11명이나 되는 가족의 생활을 책임지며 쉴 새 없이 살림을 돌보는 와중에도 그녀를 찾아온 사람들을 위로한다. 버지니아는 접이식 문을 통해 나뉜 이 상반된 공간을 회상했다. 남성인 아버지는 여성이 준비해 준 다과를 즐기지만 여성인 어머니는 생활의 문제를 해결하고 있다.

이 상반된 공간은 어린 시절부터 버지니아가 보고 경험해 왔던 남녀의 차이를 단적으로 보여 준다.

오빠들은 학교에 다녔지만 버지니아는 여자이기 때문에 배울 수 없었고, 어머니와 스텔라 언니가 죽은 뒤에는 여자라는 이유로 살림을 돌봐야 했다. 또 어린 시절 이복 오빠들에게 당했던 성폭행도 여자라는 이유로 참고 견뎌야만 했다. 아버지 레슬리 스티븐은 국가 인명사전을 편찬할 만큼 유명한 작가였지만, 가족과 함께하기보다는 서재에 머물렀고 아내 줄리아의 죽음 이후에는 우울에 시달리며 폭력을 행사하곤 했다.

사람들은 버지니아를 두고 예민하다고 말한다. 하지만 예민하지 않고, 제정신으로 이 상황을 견딜 수 있는 사람이 얼마나 될까?

자유롭게 생각하고 말하는 블룸즈버리 클럽

"아버지도 돌아가시고, 이제 우리는 더 이상 여기에 살 이유가 없는 것 같아."

"그래, 우리 블룸즈버리로 이사를 가자. 그곳은 하이드파크보다 훨씬 자유로울 거야."

버지니아의 어머니와 아버지는 재혼이었고 바네사, 토비, 버지니아, 에이드리언이 두 사람 사이에서 태어났다. 아버지의 죽음 이후 하이드파크를 떠나 블룸즈버리로 이사한 네 남매는 가

문을 운운하는 상류층 사회에서 벗어나 조금은 더 자유로운 삶을 누린다.

"언니, 이곳에서는 글쓰기와 책 읽기에 몰입할 수 있어. 너무 행복해!"

"나도 그래. 예전보다 훨씬 자유롭고 그림도 잘 그려져. 화가가 되기 위해 더 노력할 거야."

20대 초반부터 익명으로 『가디언』과 『타임스』 등에 비평 글을 기고하기 시작하면서 버지니아의 작가로서의 삶도 시작되었다.

"인사해, 여긴 내 친구들이야. 클라이브 벨, 에드워드 모건 포스터, 로저 프라이, 버트런드 러셀, 존 메이너스 케인스, 레너드 울프."

"안녕하세요? 토비 오빠의 동생 버지니아예요."

"아, 토비가 이야기하던 동생이구나. 네가 글을 쓴다고 토비가 자랑을 많이 하던걸. 너도 우리와 함께 이야기하자."

"그래, 버지니아, 바네사. 여기 온 친구들은 모두 예술과 문학에 뛰어나다고. 우리와 이야기가 통할 거야."

케임브리지 대학을 다니던 토비는 목요일마다 같은 대학의 친구들을 집으로 데리고 와 문학과 예술에 관해 토론하는 '블룸즈버리 클럽'을 만들었다. 훗날 버지니아를 포함한 이 모임 출신들은 20세기 영국의 문학, 예술, 정치, 경제를 이끌게 된다. 버지니아 울프의 남편이 되는 레너드 울프를 포함하여 경제학자 존 케인스, 미술평론가 로저 프라이, 소설가 E. M. 포스터 등을 비롯해서 버트런드 러셀, T. S. 엘리엇 등도 종종 이들과 어울렸다.

출항, 자신의 삶을 찾아가는 여정

토비의 죽음과 바네사의 결혼 이후 버지니아는 1912년 레너드 울프의 청혼으로 결혼을 한다. 하지만 이들의 결혼은 남들과 달랐다.

"저는 결혼을 생각하고 있지 않아요. 저는 결혼해서 다른 여자들처럼 아이를 낳고 돌보는 집안일을 잘 해낼 자신이 없어요. 저는 글을 쓰고 싶어요."

"당신이 원하지 않는다면 아이를 안 낳아도 집안일을 하지 않아도 괜찮아요. 작가가 되겠다는 당신의 꿈과 목표가 멋지다고 생각해요. 필요하다면 내가 얼마든지 당신을 도울 게요."

오누이와 같은 삶, 버지니아의 삶을 존중하겠다는 레너드의 약속으로 결혼했지만 아이를 낳지 않고 집안일도 하지 않은 채 글을 쓰는 버지니아를 바라보는 시선은 곱지 않았다. 더구나 버지니아를 따라다니던 신경 쇠약 증세는 날로 심해져 버지니아는 불면증에 시달리고 환상을 보기도 했으며 자살을 시도하기도 한다.

'나는 레너드에게 짐이 될 뿐이야. 이런 내가 글은 어떻게 쓸 수 있겠어? 다 틀렸어.'

우울과 절망에 빠져 있었음에도 버지니아는 1915년, 첫 소설 『출항』을 출간한다. 버지니아의 나이 서른셋이었다. 10여 년에 걸쳐 쓴 소설이었고 버지니아에게 작가로서의 명성을 안겨다 준 작품이기도 했다.

무엇보다 이 소설은 '결혼을 하여 행복하게 잘 살았답니다.'와 같은 결말을 깼다는 점에 주목받았다. 여자가 남자와 결혼하는 것을 최상의 행복으로 여겼던 시대에 여성 주인공이 자신의 삶을 찾아가는 이야기는 신선했고 충격적이었다. 주인공 레이첼 빈레이스는 아버지의 사업을 위해 배에 올랐지만 결국 그 여정은 자신의 삶을 찾아가는 여정이었다. 출항, 항구를 떠나는 이야기는 항구에 묶인 배와 같이 정박당하고 있던 여성의 기존 질서에 대한 저항이기도 했다.

『출항』이 출간되기까지 버지니아는 어머니, 언니 스텔라, 아버지, 오빠 토비의 죽음을 경험했고 신경 쇠약으로 시달렸다. 하지만 그와 동시에 소설의 제목과 같이 자신이 속해 있던 기존의 질서, 여성으로서의 삶에서 끊임없이 벗어나려고 시도했던 시절이기도 했다.

지금, 우리는

"스페인 내전에 참전한 바네사 언니의 아들 줄리안이 죽었어요. 왜 내 주변에는 이렇게 죽음이 많은 거죠?"

"당신의 잘못이 아니오. 전쟁으로 인한 비극인 거요."

"전쟁에서 벗어나 문화와 지적 자유를 수호하기 위한 방법이 있을까요?"

버지니아는 이 질문에 답하는 에세이 『3기니』를 출간한다. 이 작품은 “당신의 견해로는 우리가 전쟁을 방지하려면 어떻게 해야 한다고 생각하십니까?”라고 물어 온 런던의 남자 변호사에게 보내는 늦은 답장의 형태다. 변호사는 전쟁을 반대하는 단체에 기부를 요청했고 버지니아는 3기니 중 1기니만을 기부하겠다고 밝히며 남은 2기니는 여성 대학의 재건, 여성의 전문직 진출을 위해 사용하겠다는 의사를 밝힌다. 왜일까?

버지니아는 전쟁이야말로 남성에 의한 남성을 위한 것이라고 생각했다. 여성들은 전쟁을 통해 어떤 영광이나 만족을 느낄 수 없다. 하지만 남성들에 의해 시작된 전쟁을 거부할 수도 없다. 여성들은 전쟁의 포화 속에서 노동과 배고픔을 견디거나 학살, 유린되곤 한다. 남자 변호사가 말하는 ‘우리’는 정말 남성과 여성 모두를 포함하는 것인가에 의문을 제기하며 버지니아는 ‘우리’ 속에서 배제된 여성들의 삶에 주목했다. 남성들에 의한 전쟁을 비난하는 동시에 여성이 남성과 동등해질 권리를 외친 것이다.

언뜻 보면 전쟁을 방지하는 데 여성의 교육이 무슨 관련이 있을까 싶겠지만, 차별받아도 괜찮은 대상을 선정하는 것, 지배해도 괜찮은 대상을 두는 것은 한 나라가 힘이 약한 다른 나라를 지배하는 논리와 다르지 않다. 당시 영국이 대영 제국이라 불릴 만큼 수많은 나라를 식민지로 삼고 있었던 것 역시 이와 분리하여 생각할 수는 없는 일이다.

제2차 세계 대전은 전 세계를 공포 속으로 몰아갔고 영국도 예외는 아니었다. 1939년, 영국은 독일에 전쟁을 선포했고 독일의 공습이 시작되었다. 전쟁이라는 끔찍한 상황과 평생에 걸친

정신 질환, 불안, 우울증에도 불구하고 그녀는 끊임없이 책을 읽고 글을 썼다. 작가로 활동한 30년 동안 아홉 편의 소설과 많은 평론, 서평, 일기, 편지 등을 남겼다.

"죽음이여, 내 너에게 뛰어들리라, 패배하지 않고 굴복하지 않고서!"

그녀의 묘비명에 적힌 이 글을 통해 그녀에겐 죽음 역시 포기가 아니라 새로운 도전이었음을 알 수 있다. 비록 1941년, 주머니에 가득 돌을 집어넣은 버지니아가 우즈강 깊은 곳으로 가라앉았어도 그녀의 글들은 여전히 우리들의 삶과 함께 떠오른다. 여성의 문제는 정치 · 역사 · 사회와 같은 문명의 문제와 별개로 떼어 놓을 수 없다. 자기만의 방과 수입을 갖는 일은 바로 정해져 있던 문명의 틀 밖으로 나오는 일이듯, 남자들만이 할 수 있다고 믿는 일에 대한 의심과 도전은 어느 시대나 필요하다.

그녀가 남긴 글과 그녀의 생애에 빚을 지며 '나아졌다, 달라졌다'라고 이야기되는 세상을 살고 있다. '남성이라는 것 빼고는 여성보다 하나 나을 것 없는 남성'들이 여성의 열등성을 논하는 글로 채워진 대영박물관 도서관에서 분노했던 버지니아. 그녀의 입이 다물어지지 않을 만큼 수많은 여성작가들이 탄생했다. 여자가 대학을 다니고 학위를 받고 대학의 구성원이 되는 일도 당연해졌다. 그녀가 그토록 말했던 경제적 자립을 위해 전문직, 자기의 일을 가진 여성은 숱하게 많아졌다. 하지만 여자가 집안일을 하는 동안 남자는 서재에서 일을 하고, 여자가 아이를 돌보는 동안 남자는 회식을 하는 모습은 여전히 낯설지 않다.

디 아워스

특별한 날이 있다. 예를 들자면, 생일이나 기념일 같은 날이다. 하지만 이런 날들은 일 년 중 며칠이 되지 않는다. 더구나 이런 날들이 특별한 까닭은 다른 수많은 날들이 비슷하기 때문이다.

이 특별해지는 순간들도 어떤 의미를 부여하는가에 따라 달라진다는 점에서 결국 절대적인 특별함도 아니다. 매 순간, 시간을 보내고 있고 그 시간들이 모여 세월을 만들고 있지만, 하루하루를 떼어 놓고 보면 별로 다르지 않은 반복되는 날들을 살고 있는 셈이기도 하다.

영화 〈디 아워스〉는 바로 이런 시간들을 다룬다. 그것도 여성의 시간들이다. 영화에 등장하는 세 명의 여성은 서로 다른 시간을 산다. 1923년의 버지니아 울프, 1951년의 로라, 2001년의 클라리사가 그녀들이다. 버지니아 울프는 『댈러웨이 부인』을 쓰고 있고, 로라는 이를 읽고 있으며, 클라리사는 댈러웨이 부인이라는 별명을 가졌다.(소설 『댈러웨이 부인』의 주인공 이름이 클라리사 댈러웨이이다.)

영화는 서로 다른 시간에 존재하지만 『댈러웨이 부인』이라

〈디 아워스〉, 스티븐 달드리 감독, 2002

는 작품으로 연결된 세 여인의 하루를 보여 준다. 헌신적인 남편도, 유능한 남편도, 사랑하는 애인도 등장하지만 영화가 보여 주는 것은 남성들과는 별개로 존재하는 고유한 인간으로서의 여성이다.

시간(hour)들의 모임을 생각하게 하는 영화의 제목 '디 아워스(The hours)'를 곱씹다 보면, 여성의 삶이 시간이 흘러도 쉽게 변할 수 있는 게 아님을 말해 주는 듯하고 그 수많은 날들 중 어떤 날을 떼어서 보여 주어도 비슷할 여성의 삶을 보여 주는 것 같기도 하다.

이제 오늘을 사는 여성들의 삶을 묻지 않을 수 없다. 그 숱한 시간들을 건네받은 우리는 지금 그녀들과 다른가? 아니면 여전히 자신의 이름을 잃고 누군가의 부인으로 불리며 또 다른 '댈러웨이 부인'으로 사는 건 아닌가?

참고 자료

Love! 사랑하라, 살아 있는 모든 것을

헬렌 캘디콧

『여성, 평화와 인권을 외치다』, 박현주·신명철 지음, 낮은산, 2007

시몬 드 보부아르

『모든 사람은 혼자다』, 시몬 드 보부아르 지음, 박정자 옮김, 꾸리에북스, 2016
『보부아르 보부아르』, 클로딘 몽테유 지음, 서정미 옮김, 실천문학사, 2005

제인 구달

『인간의 그늘에서』, 제인 구달 지음, 최재천·이상임 옮김, 사이언스북스, 2001
『희망의 씨앗』, 제인구달·게일 허드슨 지음, 홍승효·장현주 옮김, 사이언스북스, 2014

수전 손택

『타인의 고통』, 수전 손택 지음, 이재원 옮김, 이후, 2004
『질병으로서의 은유』, 수전 손택 지음, 이재원 옮김, 이후, 2002
『다시 태어나다』, 수전 손택 지음, 데이비드 리프 엮음, 김선형 옮김, 2013

Imagination! 상상하라, 편견을 깨고

왕가리 마타이

『왕가리 마타이』, 윤해윤 지음, 나무처럼, 2012

아프간 최초 여성 축구단

『내 생애 가장 자유로운 90분』, 아위스타 아유브 지음, 김영선 옮김, 샘터, 2011
『더 가디언』 인터뷰 기사(2017. 5. 15)
소녀들의 축구를 지원하는 네트워크 http://www.discoverfootball.de

다베이 준코

『내 딸아, 여자라서 불가능한 건 없단다』, 박은호 지음, 글고은, 2008
이로사, 「산에는 유리 천장이 없다」, 『한겨레21』 제1138호
이인정, 「다베이 준코 누이를 회상하며」, 『사람과 산』 2016년 12월호

권기옥

『하늘을 쫓는 아이』, 정지아 지음, 스푼북, 2015
『날개옷을 찾아서』, 정혜주 지음, 하늘자연, 2015

Feel! 느껴라, 보이는 대로 느끼는 대로

프리다 칼로

『프리다 칼로, 내 영혼의 일기』, 프리다 칼로 지음, 안진옥 옮김, 비엠케이, 2016
『프리다 칼로&디에고 리베라』, 르 클레지오 지음, 백선희 옮김, 다빈치, 2011
이현준, 「프리다 칼로–장애우, 여성, 공산주의자, 페미니스트, 화가」, 『함께걸음』 2000년 5월호

다이앤 아버스

『아름다운 세상을 꿈꾸다』, 최세희 외 지음, 낮은산, 2009

비올레타 파라

『아름다운 세상을 꿈꾸다』, 최세희 외 지음, 낮은산, 2009
우석균, 「비올레타 파라의 마지막 노래 '생에 감사해'」, 『트랜스라인 2호』 2008년 5월호

나혜석

『누가 나의 슬픔을 놀아주랴』, 홍인숙 지음, 서해문집, 2007

SpEak! 말하라, 마땅한 권리를

로자 파크스

『로자 파크스 나의 이야기』, 로자 파크스·짐 해스킨스 지음, 최성애 옮김, 문예춘추사, 2012
박종대, 「로자 파크스–현대 시민권 운동의 어머니」, 네이버 캐스트 인물 세계사

에멀린 팽크허스트

『싸우는 여자가 이긴다』, 에멀린 팽크허스트 지음, 김진아·권승혁 옮김, 현실문화연구, 2016

가브리엘 샤넬

『코코 샤넬』, 제나 알카야트 지음, 채아인 옮김, 이종, 2016
『세계사 여자를 만나다』, 김정미 지음, 아름다운 사람들, 2011

버지니아 울프

『존재의 순간들』, 버지니아 울프 지음, 정명진 옮김, 부글북스, 2013
『자기만의 방』, 버지니아 울프 지음, 이미애 옮김, 민음사, 2016

교과서에 나오지 않는
위험하고 위대한 여자들

초판 1쇄 펴낸날 2018년 3월 14일
초판 3쇄 펴낸날 2021년 8월 24일

지은이 | 정수임
펴낸이 | 홍지연
펴낸곳 | ㈜우리학교

편집 | 김영숙 고영완 소이언 정아름 김선현
디자인 & 아트디렉팅 | 정은경디자인
디자인 | 남희정 박태연
마케팅 | 강점원 최은
관리 | 정상희
인쇄 | 에스제이 피앤비

출판등록 | 제313-2009-26호(2009년 1월 5일)
주소 | 03992 서울시 마포구 동교로23길 32 2층
전화 | 02-6012-6094
전송 | 02-6012-6092
홈페이지 | www.woorischool.co.kr
이메일 | woorischool@naver.com

ISBN 979-11-87050-52-0 43300

• 책값은 뒤표지에 적혀 있습니다.
• 잘못된 책은 구입한 곳에서 바꾸어 드립니다.